" *diese Krise beenden,*
die Nächste vermeiden "

von

Jean-Claude Schmitz

First published in October 2012, in english
Erste Veröffentlichung auf Deutsch im Januar 2013

Version V3; September 2015
ISBN-13: 978-1505834789
ISBN-10: 1505834783

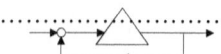

Spätestens seit dem 15. September 2008 befindet sich unsere Welt in einer Finanz-Krise, deren Ausmasse alles von uns selbst bisher Erlebtes in den Schatten stellt. Sie ist völlig überraschend über uns hereingebrochen, und man fragt sich, was denn nur los ist.

Dass wir uns Mitte 2015 noch nicht davon erholt haben, dass viele von uns eher tiefer in der Krise versinken, ruft nach einer gründlichen Analyse der Vorgänge.

Man sollte keine Krise ungenutzt lassen, deshalb müssen jetzt auch Vorschläge für eine stabilere Zukunft auf den Tisch, vielleicht in einem Buch wie diesem hier.

Das Buch gebraucht gelegentlich die eine oder andere mathematische Formel, der technisch weniger interessierte Leser mag diese überspringen und sich am Text halten, ohne den Faden zu verlieren.

1)   Einleitung

Analog zu Clausewitz und seinen Kommentaren zu Krieg und Generälen kann man nach den letzten Jahren feststellen, dass die Finanzwirtschaft ein viel zu ernstes Thema ist, um es Wirtschaftlern, Politikern, oder Juristen zu überlassen. In diesem Sinne hat sich hier ein regelungstechnisch geschulter Ingenieur eingehend damit beschäftigt.

Das Finanzsystem scheint nicht inhärent robust oder stabil zu sein, die optimale Allokation der Ressourcen, welche die Daseinsberechtigung der Finanz-Industrie ausmacht, wurde nicht in einem zufriedenstellenden Ausmass erreicht. Das Optimieren der Einnahmen der Finanzwirtschaft selbst hat wesentlich besser geklappt.

Es sieht sogar danach aus, dass die systematische Fehlallokation der Ressourcen eher die Regel als die Ausnahme war, was zur Frage führt, warum wir uns ein solches System leisten, wenn es uns so schlechte Dienste erweist.

Man konnte in den letzten Jahren beobachten, dass in einer Welt, welche in den Schulden ertrinkt, der vielfach vorgeschlagene Ausweg aus noch mehr Schulden bestehen soll. Der Umstand, dass wir ein System haben, wo dies sehr vielen Leute einleuchtet, zeigt, dass das Finanz-System per se ein Problem hat, oder ist.

Der Autor hat Ökonomie und Politik seit den frühen 70' Jahren verfolgt, seine Haupt-Informations-Quellen über die Jahre waren das amerikanische "Time"-Magazin; die schweizerische "Neue Zürcher Zeitung " ("NZZ"), und das britische Wochenmagazin "The Economist" Diese Quellen, und viele andere renommierte Publikationen haben es in den Augen des Autors nicht geschafft, eine zufriedenstellende Analyse der Krise seit ihrem Anfang 2007 zu bieten, keine davon ist den Sachen auf den Grund gegangen, keine davon sah die Krise kommen, und keine davon hat einen Satz an Lösungsvorschlägen aufgezeigt, welche das Problem lösen könnten.

Die Standard-Theorien und -Ansichten, welche man in zahlreichen TV-Sendungen rund um die Welt hört, erfassen das Thema auch nicht, so dass der Autor es sich zum Ziel gesetzt hat, herauszufinden, was sich wirklich abspielt, und Lösungsvorschläge zu erarbeiten.

Zu diesem Zweck wurde eine Reihe von Büchern und Publikationen gelesen, in zufälliger Reihenfolge waren dies:

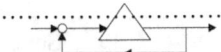

1) Debt: the first 5000 years; von David Graeber

2) Wohlstand für alle; von Ludwig Erhard

3) Griechenland - eine €uropäische Tragödie;
                                    von Wassilis Aswestopoulos

4) Wirtschaft wirklich verstehen; von Rahim Taghizadegan

5) Indignez-vous; von Stephane Hessel

6) Der Nebel um das Geld; von Bernd Senf

7) Die blinden Flecken der Ökonomie; von Bernd Senf

8) The Creature from Jekyll Island; von Edward G. Griffin

9) The Power of Gold; von Peter L Bernstein

10) The debt-deflation theory of Great Depressions; von Irving Fisher

dazu noch:

11) die Vorlesungs-Videos von Professor Bernd Senf auf Youtube waren sehr hilfreich

12) das französische Monats-Magazin "Alternatives Economiques" hat sich als erfrischende Ergänzung zu Standard-Lektüren bewährt

13) besten Dank an Wikipedia wegen der unbegrenzten Anzahl von Informationen, welche es gratis anbietet

14) die Website der Europäischen Zentralbank (EZB), und der Eurostat, haben die meisten Zahlen zum Zwecke dieses Buches geliefert

Auf der Basis dieser Eingaben hat der Autor seine eigenen Gedankengänge geführt, seine eigene Synthese erarbeitet, als Ergebnis dieser Überlegungen bietet er alsdann zu diesem Zeitpunkt in diesem Dokument dem Leser einen fundierten Satz seiner Meinungen und Vorschläge an.

Er ist bereit, all diese Punkte durchzudiskutieren, von anderen Leuten zu lernen, und den Text mit jeweils neuen, besseren Informationen und Überlegungen auf Stand zu halten.

Viele dieser einzelnen Punkte kann man an anderen Stellen lesen, aber wohl keinen so kompletten Satz wie hier.

Es wurde auch die Gelegenheit ergriffen, zu ein paar weiteren Themen, welche uns tagtäglich beschäftigen, eine Meinung zu äussern.

Der Autor, ein Bürger Luxemburgs, lebt in Luxemburg inmitten von Europa, innerhalb der EuroZone, so dass die meisten Zahlen Europa und Euros betreffen, die Überlegungen aber werden auch für andere Wirtschaftszonen und Zeitspannen ihre Gültigkeit behalten.

Der diskussionsfreudige Leser mag den Autor problemlos über die Email-Adresse : jcswork@pt.lu erreichen.

2)   *Definitionen*

$1 \times 10^3 =$ 1'000   Euro = 1 Kilo Euro   = 1 K€
    (thousand auf englisch; mille auf französisch; Tausend auf deutsch)

$1 \times 10^6 =$ 1'000'000   Euro = 1 Million Euro = 1 M€
                                        (Million, in all diesen Sprachen)

$1 \times 10^9 =$ 1'000'000'000   Euro = 1 Billion Euro = 1 B€
                        (milliard auf französisch; Milliarde auf deutsch)

$1 \times 10^{12} =$ 1'000'000'000'000   Euro = 1 Trillion Euro = 1 T€
                        (billion auf französisch; Billion auf deutsch ...)

3)   Finanzielle Situation der EuroZone, Ende 2009

Geldmenge M3
In Mrd. €

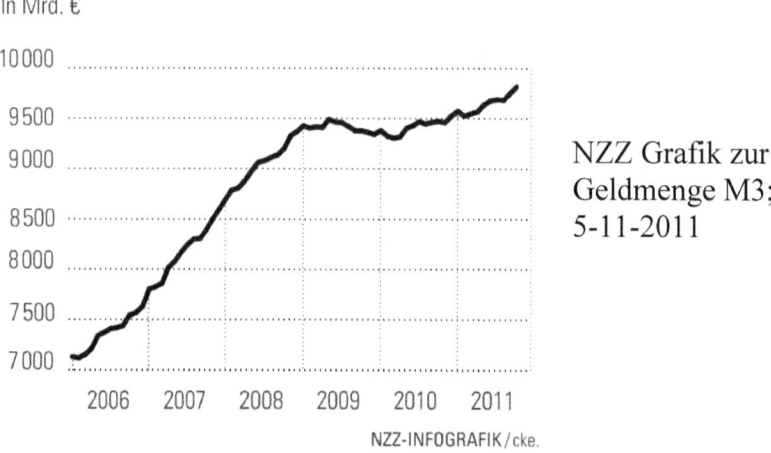

NZZ Grafik zur
Geldmenge M3;
5-11-2011

NZZ-INFOGRAFIK/cke.

Für die EuroZone ergaben sich Ende 2009 die folgenden Zahlen:

Quellen: NZZ vom 6-Nov-2011; EuroStat website

- Geldmenge M3   ~ 9,50 T€
- BruttoSozialProdukt GDP   ~ 8,97 T€
- öffentlicher Schuldenstand total   ~ 7,06 T€
- Staats-Einnahmen total   ~ 3,64 T€
- Staats-Budgets total   ~ 4,20 T€
- Staats-Defizit total   ~ 0,56 T€

wenn man davon ausgeht, dass das Geld wie unser Gehalt pro Monat einmal umläuft, dann liegt die Geld-Zirkulation oder das GDP pro Monat bei

$$\sim 0,75 \text{ T€} \ (= 8,97 / 12)$$

oder

$$\sim 7,9 \% \quad (= 0,75 / 9,5) \text{ von M3}$$

freche Frage (**I**): wo bleibt denn der Rest von M3 ?

es ist also interessant zu sehen, dass

- zu jedem beliebigen Zeitpunkt nur 7,9 % der existierenden Gelder tatsächlich zirkulieren, und damit Arbeit und Einkommen schaffen

-    der Staats-Schuldenstand bei ~ **79 % of GDP**
                                        (= 7,06 / 8,97) liegt

-    der Staats-Schuldenstand **1,9** x Staats-Einnahmen
                                        (= 7,06 / 3,64) ausmacht

-    die Staats-Schulden ~ **74 % von M3**
                                        (= 7,06 / 9,5) betragen

Es sieht so aus, als würde der grösste Teil von M3 als Staatsschuld enden. Dazu später noch ein paar Kommentare.

Note 1: inwieweit die EuroZonen-Definition von M3 Sinn macht oder nicht, soll nicht hier diskutiert werden, wir gehen davon aus, dass M3 das existierende Geld darstellt, wie auch immer es geschaffen wurde

Note 2: man sieht, dass die M3-Kurve nach dem Ausbruch der Krise abflacht

Note 3: neuere Daten sind zu jedem beliebigen Zeitpunkt verfügbar, werden aber unsere Schlussfolgerungen nicht verändern

4)   Erschaffen von Geld und Schuld

Man sagt: " Geld regiert die Welt", ein paar freche Fragen mehr wären:

- Wer regiert das Geld ?
- Wie wird das Geld regiert ?

an dieser Stelle noch eine Frage:
gab es jemals eine öffentliche Diskussion zu **diesem** letzten Thema,
oder eine Abstimmung dazu ?

- an wem bleibt das Geld hängen ?
- an wem bleiben die Schulden kleben ?
- wem sind die Schulden geschuldet ?

Dabei helfen wird ein kurzer Ausflug in das Wesen unseres Geldes, und dessen Erschaffung:

- die Zentralbank gibt Geld und gleichzeitig gleich viel Schuld an die Banken aus

- das System der kommerziellen Banken gibt (Giral-) Geld, und den gleich grossen Betrag an Schulden an Einzelpersonen, Firmen, Staaten aus

darin ist dieses System nur gebremst durch:
- das Verhältnis von so ausgegebenem Geld zu dem Gelde, welche die Banken von der Zentralbank und von den Konto-Inhabern (Bankkunden) haben (Quote)
- die Bereitschaft von Leuten, Firmen und Institutionen, sich mehr Geld zu leihen und sich somit weiter zu verschulden

Kurz gesagt, es gibt praktisch kein Geld ohne einen gleich grossen Betrag an Schuld.
Definition: wir nennen das Paar von Geld und gleichzeitiger Schuld, welches Zentral- oder Geschäfts-Bank generieren, von nun an: Geld&Schuld, auf englisch **M**oney-**D**ebt (**MD**)

Da sich die Zinsen auf all diesen Schulden noch dazu addieren, oder von Geld aus einer anderen Schuld beglichen werden müssen, steigt die Menge an Schuld schneller als die Menge an Geld.

Um das zu bezahlen ohne M3 zu verringern, muss immer neue Geld-Schuld generiert werden. Und immer wächst die Schuld schneller als das Geld!

Wir wollen noch ein paar Konzepte einführen:

D : Schuld (Debt)

DP : Veränderungsgeschwindigkeit der Schuld
(mathematische Ableitung von D)

D3 : totale Menge an Schuld (analog zu M3)

D3P : Veränderungsgeschwindigkeit von D3
(mathematische Ableitung von D3)

M3P : Veränderungsgeschwindigkeit von M3
(mathematische Ableitung von M3)

Dann haben wir:
D3 > M3 , und
D3P > M3P

- in Wachstumszeiten, wenn beide Ableitungen positiv sind, wächst die Schuld schneller als das Geld

- in Zeiten der Austerität, wenn jeder seine Schulden reduzieren will

  ➢ ist M3P mit Sicherheit negativ, da die Geldmenge schrumpft

  aber

  ➢ ist D3P weniger negativ, da die Zinsen es höher halten, so dass die Schulden sich langsamer verringern als die Gelder

Kein Wunder, dass die Welt in den Schulden ertrinkt.

Kurz gesagt, selbst wenn wir alle unsere Schulden zurückzahlen wollten, könnten wir das nicht tun, weil schon lange vorher kein Geld mehr da wäre, wegen der Masse von akkumulierten Zinsen.

D3 > M3

Wenn man sich sagt, dass
> es wohl eine bestimmte Menge an Geld braucht, um die Ressourcen zu steuern, Austausche zu erleichtern, die kontinuierliche Nachfrage nach Arbeit und Einkommen zu unterstützen

dann ist es doch sehr erstaunlich
> festzustellen, dass man nur Geld in der Hand hält, wenn und weil jemand anders die entsprechende Schuld aufgeladen hat

Wenn man sich sagt, dass
> Geld sich in realen Gütern und Investitionen reflektieren könnte, und umgekehrt,
> (dieser Punkt öffnet das Feld für weiterführende Diskussionen, da heutzutage Güter & Eigentümer bestenfalls als Kollateral-Sicherheiten dienen)

ist es erstaunlich,
> dass Geld im Wesentlichen von Schuld reflektiert wird

Wenn man sich sagt, dass
> Geld auch als Speicherung von Einkaufs-Potential für die Zukunft gebraucht wird (sparen)

ist es erstaunlich zu lernen, dass
> des Einen Ersparnisse des Anderen Schulden sind
> jedes Kapital, welches eine Firma zum Investieren bereithält,
> irgendwo anders einer gleich grossen Schuld entspricht

und all diese Schuld wird kontinuierlich durch die Zinsen erhöht !!

Von diesem Standpunkt aus betrachtet, existiert netto kein Kapital, sondern wegen den Zinsen nur Netto-Schuld.
Wir sind also dramatisch unterkapitalisiert, oder noch schlimmer, als Gesellschaft sind wir überhaupt nicht kapitalisiert !!
Und das in einem kapitalistischen System.

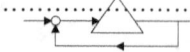

5) *Werdegang der Schulden*

Auch heutzutage ist der Fluss des Geldes wenig erforscht, was Einblicke in das wahre Geschehen schwierig macht, aber der Fluss der Schulden ist noch weniger erfasst.

Wenn ich mir 10 000 € (10K€) von der Bank leihe, bekomme ich gleichzeitig die 10K€ cash (bis auf ein paar davon), und 10 K€ Schuld. Das Geld habe ich dann wohl schnell ausgegeben, es macht sich auf den Weg in die Wirtschaft.

Die Schuld bleibt wohl eine Zeitlang an mir kleben, mit den Zinsen. Sowie ich das Grundkapital zurückzahle, verschwindet Geld gleichzeitig mit Schuld. Die Zinsen sind der Ertrag der Bank.

Will ich das Kapital nicht zurückzahlen, sondern nur die Zinsen, so gefällt das der Bank so lange, wie sie meint, ich könnte weiterhin zahlen, und solange die Bank es sich leisten kann, am Ende der Laufzeit den Kontrakt zu erneuern. Ich kann sogar meine Schulden erhöhen, und mehr Zinsen zahlen.

Das Geld ist weg, die Schuld ist meine, und ich muss mich permanent bemühen, das Geld für die Zinsen aufzubringen, das Vertrauen der Bank zu behalten, und hoffen, dass die Bank am Ende des Kontraktes keine Probleme mit der Erneuerung hat, und auch selbst keine Probleme hat. Müsste ich tatsächlich am Ende der Laufzeit das ganze Geld doch zurückzahlen, so würde das meinen CashFlow wohl stark überfordern, ich müsste schnell Eigentum verkaufen, oder ginge bankrott.

Das Gleiche gilt für unsere Staaten.

Bei der Kreditaufnahme müsste ich wohl ein paar Sicherheiten angeben, um den Banker zu beruhigen. Ich muss danach aber darauf hoffen, dass der Wert dieser Sicherheiten nicht irgendwann abfällt, oder zumindest darauf hoffen, dass dies der Banker nicht merkt, oder es ihm zumindest nicht so wichtig ist.

Merkt er es doch und ist es ihm nicht egal, so wird er neue und zusätzliche Sicherheiten fordern, von einem Tag auf den anderen. Das könnte mich problemlos auch in die Pleite treiben. Wenn mein Haus die Sicherheit darstellt, und dessen Wert nimmt signifikant ab, so bin ich in Schwierigkeiten nicht wegen der Raten, sondern weil ich sonst nicht viel als Sicherheit anbieten kann. Die Bank kann mich dann aus dem Haus werfen, und es verkaufen. (In den letzten Jahren haben viele US-Bürger diese Erfahrung gemacht.)

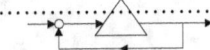

In " Pretty Boy Floyd the Outlaw" hat **Woody Guthrie** es so gesehen:

> Yes, as through this world I've wandered
> I've seen lots of funny men;
> ***Some will rob you with a six-gun,***
> ***And some with a fountain pen.***
>
> And as through your life you travel,
> Yes, as through your life you roam,
> ***You won't ever see an outlaw***
> ***Drive a family from their home.***

Auf deutsch:

> Ja und wie ich durch diese Welt gewandert
> hab ich viele merkwürdige Leute gesehen
> ***manche berauben dich mit der Pistole***
> ***und manche mit dem Füllhalter***
>
> und wie du reisest durch dein Leben
> ja wie durch dein Leben du streifst
> ***wirst du nie einen Verfemten sehen***
> ***der eine Familie aus ihrem Zuhause verjagt***

Viele Staaten haben sich fleissig Geld geliehen, es ausgegeben und Schulden angehäuft. Die Tendenz der Regierungen, Geld auszugeben, war jeweils grösser als ihr Mut, Steuern bei ihren Bürgern einzutreiben. Und dies Jahr für Jahr, mit wechselnden Ausreden.

In Europa hat man sich mit der Kollateral-Regelung der Maastrichter Verträge ausgeholfen, welche besagten, dass die Staats-Schuldscheine der EuroZone so gut seien wie jede andere Sicherheit auch.

Somit konnte eine Bank Staats-Schuldscheine aufkaufen, mit dem (Giral-)Geld, was sie dazu erst mal selbst erschaffte, dann hinterlegte sie die so erworbenen Schuldscheine bei der Zentralbank als Sicherheit für mehr Geld von derselben EZB, was ihr erlaubte, ein vielfaches davon an den Privatsektor zu verleihen. Toll!

Die Regierungen versorgten also die Wirtschaft mit mehr Geld als normal, wohl mit der Hoffnung, auf diese Weise mehr Wachstum zu ermöglichen, und somit mehr Steuereinnahmen, welche für die nächste Runde zahlen würden.

Ob das jemals so klappen könnte, steht auf einem anderen Blatt (und gibt wohl gute Themen für weitere Studien ab), Fakt ist nun mal, dass es nicht geklappt hat.
Regierungen haben immerzu mehr Geld ausgegeben als sie einnahmen, das erwartete Wachstum blieb grösstenteils aus, das erhoffte Mehr an Steuereinnahmen sowieso.

Kein Wunder, dass die Regierungen und Staaten fast die ganze Schuld nun geladen haben.

Aus den Schulden herauszukommen ist für Staaten genauso schwierig wie für mich selbst, hat aber dazu noch schlimme Folgen für den Werdegang der Volkswirtschaft.

Dies aus folgenden Gründen:
Das fürs Zurückzahlen notwendige Geld kommt aus der Real-Wirtschaft, also von unseren Löhnen und Einkommen.

Somit haben wir weniger Geld zum Ausgeben, es wird also weniger Arbeit nachgefragt, die Lohnsumme fällt, es gibt noch weniger Geld zum Ausgeben, etc.
Als Beispiel mag man sich die Lage in Spanien und Griechenland vor Auge halten.

Wenn die Staats-Schuld bei privaten Kreditoren getilgt wird, so wird das entsprechende Geld weiterhin existieren, mag aber trotzdem aus dem wirtschaftlichen Sichtfeld entschwinden, in Richtung Finanz-Wolke.
Um das Geld zu dieser Zahlung aufzubringen, muss die Real-Wirtschaft zuerst die entsprechende Schuld an andere weitergeben. Dieser "Schwarze Peter" wird wie eine heisse Kartoffel herumgereicht.

Wenn Schuld bei der Geschäfts- oder der Zentral-Bank beglichen wird, so geschieht folgendes:

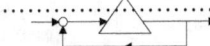

- Geld, welches die reale Wirtschaft an und für sich wohl bräuchte, wird vernichtet
- das Geld fliesst nicht einmal in die Taschen eines anderen, der es immerhin noch ausgeben und damit Arbeit generieren könnte, nein, es existiert überhaupt nicht mehr !!!

Sind die Regierungen erst einmal auf der abschüssigen Schulden-Bahn, so:

o will niemand zurückzahlen, solange noch Zeit dazu wäre

und später:

o kann niemand mehr zurückzahlen, weil es dann zu spät ist

Das System ist dann verloren, und ertrinkt im Schuldenmeer.
Somit wäre die heutige Lage beschrieben.

Im Bestreben, das System trotz seiner inhärenten Probleme am Leben zu halten, teilen sich die Ökonomisten nun in zwei Lager:

- die Einen wollen in der Real-Wirtschaft sparen, um für die Schulden aufzukommen; und werden damit allerdings die Real-Wirtschaft und ihr Potential, überhaupt etwas zu zahlen, ein für allemal abwürgen (siehe Griechenland)

- die Anderen wollen noch mehr Schulden machen, um die Real-Wirtschaft zu retten (USA)

Weit davon entfernt, ein Win-Win-Spiel zu sein, ist die Volkswirtschaft, wie wir sie heutzutage finanzieren, bestenfalls ein Nullsummenspiel. Wegen den Zinsen ist sie leider wohl eher ein Negativ-Summenspiel, was nur durch immer neue und zusätzliche Schulden einigermassen aufrecht erhalten wird.

Das steht in scharfem Kontrast zu allem, was ich zum Thema "Volkswirtschaft als win-win", also kein Nullsummenspiel, über 40 Jahre hinweg in den renommiertesten Zeitschriften und Magazinen dieser Welt gelesen habe, in 6 verschiedenen Sprachen.

Jetzt wissen wir also, wo die Schulden hingeflossen sind, warum sie dort bleiben, und dort weiterwachsen werden, bis ......?

6) Werdegang der Schuldscheine

Eine andere Frage ist: wem ist die Schuld geschuldet?
Wer sind die Kreditoren? Sind es noch die Gleichen wie am Anfang?
Wenn nicht, haben sie das Gleiche bezahlt als der ursprüngliche Gläubiger?

Hier noch ein Vorschlag:
Wenn es nicht der ursprüngliche Gläubiger ist, sondern jemand der z.B. 20% weniger bezahlt hat (nachdem man für Maturität und gezahlte Zinsen diskontiert), sollte die Schuld um die Hälfte der Werte-Differenz reduziert werden.

Oder etwas einfacher: es gebe eine
- 100 Euro Schuld ohne Zinsen
- der Schuldschein wird ein paar Jahre später verkauft, 20 % unter dem Originalwert, also für 80 Euro
- die zu begleichende Schuld sollte dann auf 90 Euro reduziert werden, und nicht auf den 100 stehenbleiben
Das würde dem Schuldner auch helfen.
Mit Zinsen wird die Rechnung etwas komplizierter, das überlassen wir erst mal einer anderen Publikation.

7) Werdegang des Geldes

Ein paar Zahlen mehr zu den Jahren vor 2009, auch aus den in Kapitel 1 angegebenen Quellen

Δ M3 /Jahr $\qquad$ 0,70 T€

Δ GDP/Jahr $\qquad$ -0,18 T€ (~2% Wachstum, oder 25,7 % von Δ M3)

Verlust /Jahr = $\quad$ 0,52 T€ dem Wirtschafts-Zyklus verloren

während die öffentliche Schuld zunimmt mit der Rate von

Δ Schuld / Jahr $\quad$ 0,645 T€

Im Bestreben, die Real-Wirtschaft zu stützen, gibt das System jedes Jahr 0,7 T€ an Geld&Schuld (Δ M3) hinzu, aber die Verluste dieser

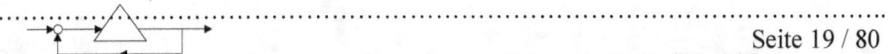

Real-Wirtschaft sind so gross (0,52 T€), dass nur (0,70 - 0,52 =) 0,18 davon in der Real-Wirtschaft herumdrehen.

Und das tun sie nur einmal, anstatt dass sie jeden Monat einmal zirkulieren würden, also 12 mal pro Jahr.....

Wo immer es hinfliesst, es scheint nicht im Kreislauf zu bleiben. Die Schuld aber bleibt der öffentlichen Hand erhalten, der Bevölkerung, den Steuerzahlern, welche nur ein Viertel (0,18 / 0,70 = 0,25 = 25 %) des Extra-Geldes einmal sehen, bevor es fast ganz aus den Blicken verschwindet. Von der Schuld aber bleiben von diesen Beträgen (0,654 / 0,70 = 0,937) => 93,7 % an uns hängen.

Oder vielmehr, wir verlieren Geld in einem so grossen Ausmass, dass das viele zusätzlich geschaffene Geld&Schuld die Geld-Verluste kaum kompensieren kann, aber dessen Anteil Schuld sich eins zu eins bei uns akkumuliert.

Ich selbst, und viele andere Leute sind normalerweise ziemlich gut darin, unsere Steuern korrekt zu bezahlen, und unser restliches Gehalt Monat für Monat auszugeben.

Auf der anderen Seite, wenn ich anfange 10% meines Einkommens zu sparen, und alle anderen machen das Gleiche, so werden wir 10% vom BruttoSozialProdukt sparen, etwa 0,9 T€/ Jahr. Tun wir das jedes Jahr, wird es nach einer gewissen Zeit einen Berg von gespartem Geld geben, reflektiert durch einen noch höheren Berg an Schulden, den wir als Steuerzahler unser Eigen nennen müssen.
Je reicher ich bin, desto mehr von meinem Einkommen kann ich sparen, zum Nachteil der Real-Wirtschaft.
Die einzige Art wie das Geld seinen Weg zurückfindet ist als Schuld für jemand anders, wenn die Bank, wo ich mein Sparguthaben pflege, von meinem Geld einen Teil verleiht, oder alles davon, oder 10 x soviel.....
Das geht nur solange gut, wie es den Schuldnern gut geht. Sobald mehrere davon in Schwierigkeiten sind, sind wir es alle, zusammen mit den Banken, den Staaten usw.
Wenn wir also Schuldige suchen, hilft vielleicht auch der gelegentliche Blick in den Spiegel.

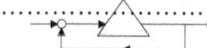

Wenn das Sparen durch Steuererleichterungen gefördert wird, so wie das bei allen Pensionssystemen der Fall ist, wird diese Tendenz eher noch verstärkt. Bei Letzteren aber mit dem Nebeneffekt, dass wir die Freiheit nicht haben, das Geld irgendwann doch so auszugeben wie wir wollen.

Die steuerliche Ausnahme ist kontraproduktiv, sie regt uns an, Geld aus der Real-Wirtschaft zu entfernen, somit die Menge an Arbeit und Arbeitsstellen kontinuierlich zu reduzieren, während manche von uns Geld anhäufen, wir alle aber nur die entsprechende Schuld.

Die Baby-Boomer-Generation hat sich auf diese Weise selbst aus der Vollbeschäftigung herausbugsiert, die Generation nach uns wird dann gleichzeitig mit uns sowie mit unseren Schulden geplagt sein.

Selbst ein Baby-Boomer, könnte ich sagen: "après nous le déluge" ("nach uns die Sintflut"), aber das wäre wohl falsch, und nicht nur aus moralischen Gründen. Wir werden noch da sein, und die Folgen unserer Entscheidungen erleben, und das zu einem Zeitpunkt, wo wir nichts mehr daran ändern können.

Wir werden noch zusehen, wie sich unsere Kinder durch das von uns verursachte Schlamassel kämpfen müssen.

8)   zu wessen Nutzen ?

Der nächsten Generation wird es nichts nützen, sie wird gleichzeitig mit uns und mit der Schuld geplagt sein.

Der Baby-Boom-Generation wird es auch nichts nutzen, sie hat einen grossen Anteil ihrer selbst und ihrer Kinder arbeitslos gemacht. Allerdings wurde unsere Generation wohl damit getäuscht, es sei doch alles in ihrem Interesse.

Den Staaten nützt es auch nichts, da sie auf den Schulden sitzen bleiben.

genützt hat es
- politischen Systemen, welche dank niedrigen Steuern und hohen Ausgaben jeweils wiedergewählt wurden
- der Finanz-Industrie, welche all dieses Geld zum spielen bekam und noch bekommt, und sich am weltweit einzigen System von steuerfreien Transaktionen erfreuen kann …

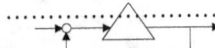

Interessanterweise lässt dieselbe Finanz-Industrie keine Gelegenheit aus, uns zu empfehlen, nicht mehr in umlagebasierte Pensionssysteme (Generationen-Vertrag) einzuzahlen, sondern das Geld zu sparen und es ihr zu geben (kapitalbasiertes System). So darf sie damit arbeiten oder eher sich damit amüsieren. Und die Politik unterstützt das alles mit Steuererleichterungen.

Fakt ist, dass die politische Diskussion in diesem Bereich von Steuer-Vermeidern gekapert wurde, und von der Finanz-Industrie, welche ihnen zuarbeitet und davon profitiert.

Die Finanz-Industrie will ihren Anteil am Pensionssektor erhöhen durch Obstruktion des Umlage-Systems, welches zuverlässig durch alle Krisen und Kriege die Bevölkerung versorgt hat, aber nicht zum Wohlergehen der Finanz-Industrie beiträgt.

Die Riester-Rente in Deutschland ist ein gutes Beispiel für das Bestreben, den kapital-basierten Anteil des Pensions-Sektors zu erhöhen.

9)   Real- und die Wolken-Ökonomie

Das Wirtschafts-System scheint sich in zwei Teile aufgespalten zu haben:

- die reale Ökonomie, wo Transaktionen für Produkte und Dienstleistungen bezahlen (also für richtige Arbeit), und besteuert werden
- die Finanz-Wolken-Ökonomie, welche dank hoher Margen und Zinsen aus der Real-Ökonomie

dieser Real-Wirtschaft ständig Ressourcen entziehen
diese Ressourcen von ihr alsdann fernhält
und sie
unbesteuert in der Finanz-Welt herumkreisen lässt

Um diese Verluste aus der Real-Ökonomie in Richtung Finanz-Wolke auszugleichen, glauben die Regierungen sich dazu verpflichtet, sich viel Geld zu leihen und zwar von derselben Finanz-Wolke.

Der Einfluss dieser geliehenen Gelder auf die Real-Ökonomie ist gering, da das Geld über die hohen Margen sehr schnell wieder zur selben Finanz-Wolke hin entschwindet.

So lange die Schulden einigermassen tragbar sind, machen Bürger und Finanz-Welt mit, und die Politiker werden wiedergewählt.

Jetzt, wo Finanz-Wolke und Öffentlichkeit beide merken, dass die Öffentlichkeit in der Klemme sitzt, dass sie sich mehr Schulden aufgeladen hat als sie je wieder zurückzahlen kann, ist guter Rat natürlich teuer.

10)   Maastricht: Stabilitäts-und Wachstums-Pakt der EuroZone

Es kommt einem so vor, als hätten die führenden Staats-Männer (und - Frauen) in Maastricht damals absichtlich ein nicht nachhaltiges System geschaffen. Auf der Basis des guten Willens, welcher die europäische Idee damals noch trug, haben sie es dann wohl schnell durchgewunken. Anstatt ausgeglichene öffentliche Konten zu fordern, erlaubten sie

> 3 % / GDP Defizit im Jahr, und
> 60 % / GDP Schulden insgesamt,

also jeweils gegenüber dem BruttoSozialProdukt (GDP).

Ich vermute mittlerweile, dass der Wachstumsteil des Paktes vom öffentlichen Schuldenmachen kommen sollte, wohl in der Hoffnung, dass das Wachstum des jeweiligen Jahres gross genug sei, damit das neue Schulden-Niveau gegenüber dem so gewachsenen GDP kein Problem sein sollte.

Warum man gerade das GDP zum Nenner bestimmt hat ist schwer zu erraten, ich nehme an, dass man sich auf die grösste verfügbare Zahl einigte, um Defizit und Schulden dann kleiner aussehen zu lassen.

Das Niveau der Staatseinnahmen, oder zumindest des letzten Budgets wäre wohl die bessere Wahl gewesen.

Wenn die öffentliche Hand etwa 40% einer Volkswirtschaft ausmacht, so ist das GDP (1 / 40% =) 2,5 mal grösser als die Staatsausgaben,

damit entspräche ein Defizit von 3 % des GDP: 3 x 2,5 = 7,5 % der Staatsausgaben.

Ein Schuldenstand von 60 % des GDP wird dann umgerechnet in 60% x 2,5 = 150 % im Vergleich zu den Staatsausgaben (von den Staatseinnahmen gar nicht zu sprechen ...)

Der Leser mag sich mal vorstellen, er würde Jahr für Jahr 7,5 % mehr Geld ausgeben, wie er verdient, und sich auf die Gehaltserhöhung des nächsten Jahres verlassen, um das zu finanzieren. Was mag wohl passieren, wenn die Gehaltserhöhung ausbleibt, oder, schlimmer, wenn es seinem Arbeitgeber schlecht geht und er seinen Job verliert.

Genau das passiert in einer Rezession, das GDP geht zurück, der Nenner wird kleiner, die Steuereinnahmen gehen noch schneller zurück, so dass nun auch der Zähler schnell ins negative hinein wächst, und wegen beider Effekte die Defizit/GDP - Quote nach oben schnellt. Probiert man die Situation mit höheren Steuerquoten auf dem noch laufenden Teil der Wirtschaft zu retten, so verdammt man auch diesen Teil zur Rezession, womit die Steuereinnahmen noch weiter sinken, und der Teufelskreis perfekt ist.

Wenn man sich wenigstens darauf einigen würde, das Nominal-Budget konstant zu halten, über mehrere Jahre hinweg, bis Wirtschaft und Steuern sich wieder erholt haben, und Schulden zurückbezahlt werden können. Das würde wenigstens den Teufelskreis vermeiden, und der Staat würde als Puffer innerhalb dieses dynamischen Systems wirken.

Nur dem Arbeitslosengeld wäre eine Zunahme der Ausgaben gestattet.

Steuererhöhungen sollten die Finanz-Wolke treffen, und deren Ableger, nicht die Real-Ökonomie, wo das Geld noch zirkuliert und somit Arbeit und Einkommen generiert.

Da das extra Geld vom Wachstumspakt über den Staat gemäss politischen Kriterien in die Wirtschaft gebracht wurde, hat es wenig Wachstum gebracht, dafür höhere Schulden.

Das ging so lang gut, bis auch der letzte gemerkt hatte, dass all dies nicht nachhaltig sein kann. Nun ist es zu spät, für uns alle.

Maastricht und spätere Zusatzparagraphen sehen Strafen für zu hohe Defizite und Schulden vor, aber diese Strafen sind finanzieller Natur, und können eine Schieflage also nur weiter verschlimmern. Dieses Straf-Konzept ist eine Illusion und kann in der Realität niemals effizient angewandt werden.

Die Disziplin, welche wir alle von der EuroZone erwartet hatten, wurde nicht bestätigt. Am meisten auf den Stabilitätsaspekt pochten damals die Deutschen, aber gerade die brachen ihn ein paar Jahre später als erste. Die Franzosen taten es ihnen sodann gleich. Alle anderen schauten dabei zu und zogen ihre Schlüsse aus dem gebotenen Schauspiel.

11) Zentralbanken

Ein anderer Punkt lässt mir keine Ruhe:

Ein grosser Teil der Staats-Schuldscheine wird öffentlich vom Tresor (Finanz-Ministerium) versteigert, und dem zugeschlagen, welcher die niedrigsten Zinsen verlangt.

Manche werden von privaten Personen oder Institutionen gekauft, andere von Geschäftsbanken, und abhängig von der Wirtschaftszone, auch mal von der Zentralbank.

In Grossbritannien heisst die Zentralbank " Bank of England", und dort ist interessanterweise das ganze monetäre System auf öffentlichen Schuldscheinen aufgebaut, welche der Zentralbank geschuldet sind.

Hier eine vereinfachte Beschreibung des Vorganges, in drei Akten:

Die **"Bank of England " (BoE)**
kauft Staatsschulden zum Betrag "X", zahlt "X" Pfund an den Tresor, und verlangt dafür Zinsen

auf der Basis dieser öffentlichen Schuld
generiert die BoE öffentliche Schuldscheine, für den gleichen Betrag "X",
diese sind Geld, Pfund Sterling, und können als Papier- oder virtuelles Geld von den Geschäftsbanken ausgeliehen werden, gegen Zinsen, und von diesen als "Reserven" deklariert werden

auf der Basis dieser "Reserven",
und mit der Verpflichtung, Mindestreserven von "y" %, z.B. 5 % oder 10 % der ausgeliehenen Gelder als Reserve bereit zu halten

erlaubt die BoE den Geschäftsbanken
gegen Zinsen **10 oder 20 mal** soviel **neues Geld** zu verleihen und somit zu **erschaffen**, wie am Anfang ("X") standen,
(10 = 1 / 10% , oder 20 = 1 / 5%)

und natürlich, gleichzeitig, genausoviel **neue Schulden** zu **erschaffen**

Dieser Prozess erlaubt eine schnelle Zunahme von Geld&Schuld in der Wirtschaft, basiert aber darauf, dass der Staat Grossbritannien sich immer tiefer verschuldet, und darauf, dass Privat-Firmen und Personen willig sind, sich weiter zu verschulden.

Es bedeutet auch, dass der Staat seine Schulden gegenüber der Zentralbank wohl besser nicht zurückzahlt, weil für jedes so gezahlte Pfund die Geschäftsbanken 10 oder 20 mal soviel Geld aus der Real-Wirtschaft heraus ziehen müssten, um ihr Kreditbuch an ihre Reserve-Pflichten anzupassen.

Daneben gibt es noch den Teil der öffentlichen Schuld, welchen Privat-Personen oder -Institutionen aus dem In-und Ausland gekauft haben.
Diese wurden mit bereits existierendem Geld bezahlt, welches bei einer früheren Schleife generiert wurde.
Dann gibt es noch den Teil, welcher direkt von Geschäftsbanken gekauft wurde:
diese Schuldscheine können auch als Reserven für weiteres Geld&Schuld -Schaffen und -Ausleihen deklariert werden, wie bereits oben beschrieben.

Solange das alles gut geht, geht es gut. Gut heisst hier, dass die öffentliche Schuld steigt, die Schaffung von neuem Geld durch die Bank of England auch, ebenso der Aufkauf von Staats-Schuldscheinen durch die Geschäftsbanken. Das Ausleihen an private Schuldner steigt noch schneller, Zinsen werden von Privat-Firmen und Personen gezahlt, weil es allen immer besser geht, der Volkswirtschaft auch.

Solange die Sonne scheint, hat niemand etwas dagegen, dass alle immer tiefer in den Schulden versinken, und dass alle ihren Tribut leisten in Form von Zinsen, nicht zu verwechseln mit Steuern.

Interessanter wird es, wenn die Stimmung kippt, wenn die Volkswirtschaft stolpert, wenn einige Schulden nicht mehr bedient werden können, wenn auf einmal verschiedene Schuldner die Zinsen nicht mehr rechtzeitig zahlen können, wenn Personen und Firmen ihre Investitionen fehlgeleitet haben, wenn klamme Bürger die Raten auf ihren Konsum-Krediten nicht mehr schaffen. Wenn der Privatsektor sich nicht weiter verschulden, sondern seine Schuldenlast verringern will.

In dem Fall, wegen der Mindest-Reserve-Verpflichtungen, wird jede Verminderung der Staats-Schulden eine viel schnellere Reduktion von Geldmenge und deren Zirkulation verursachen, was zu sofortiger

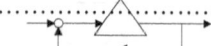

Rezession und Depression führt. Aus dem Grunde kann Grossbritannien überhaupt nicht aus den Schulden herauskommen, selbst wenn seine Bürger und Regierung das wollten. Die USA sind, aus den gleichen Gründen, in derselben Lage.

Also ist das Beste, was wir uns von alledem erhoffen können, die Stabilisierung der Schuld auf irgendeinem Niveau.

Diese öffentlichen Schulden lasten auf allen Bürgern und Steuerzahlern, die Zinsen werden von allen getragen. Aber der Nutzen dieser Zinsen ist nicht gleich verteilt, sondern steht nur den Gläubigern zu, welche die Staatspapiere halten.

Manche dieser Schuldscheine werden von der Zentralbank gehalten, wobei diese immerhin die Allgemeinheit repräsentiert, also uns alle.

Aber viele Papiere werden von privaten Bürgern, Institutionen, Banken, Ausländern gehalten. Und all diese werden von den Zinszahlungen profitieren, solange wie der Staat es sich leisten kann, sie mit unseren Steuergeldern abzuzahlen, oder mit Hilfe der Inflation, welche wir eventuell tolerieren müssen.

Geht es um unsere Ersparnisse bei der lokalen Bank, so gelten auch diese Einlagen als Basis für die wundersame Geldvermehrung nach dem Prinzip der Mindest-Reserve-Verpflichtung. Wenn nun viele von uns das Geld aus der Bank herausziehen, so mag diese erst mal dadurch in Schwierigkeiten kommen, das notwendige Papier-oder Computer-Geld cash aufzubringen. Kurz aber danach bekommt sie richtige Probleme, da die Mindest-Reserve-Verpflichtung nun folgendes einfordert:

a)   Reserven erhöhen, und/oder
b)   ausgegebene Kredite reduzieren

Was wird wohl geschehen ?

a) wenn die Aktionäre der Bank nicht nachlegen, oder wenn die Zentralbank keinen neuen Kredit gibt, muss die Bank eventuell die Türen schliessen
b) kein Kredit mehr für niemanden, die ausstehenden Kredite wo immer möglich einfordern und reduzieren, somit Geld vernichten und dessen Zirkulation verringern

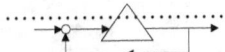

Wenn das auf einmal in mehreren Orten und Gegenden passiert, geht es Richtung Krise, Rezession, Depression, Elend, Krieg ?
Sowenig stabil ist unser Finanz-System.

Heute frage ich mich, ob die öffentliche Schuld der EuroZone nicht auch schon dem Zweck der wundersamen Geldvermehrung dienen soll, wie schon in Grossbritannien und den USA.
Die EuroZone hat ihren Geschäftsbanken erlaubt, staatliche Schuldscheine als Reserven anzusehen, als Basis für Ausleihen nach dem Prinzip der Mindest-Reserve-Verpflichtung.
Davon habe ich nichts in der EU-Verfassung gelesen, über welche wir in 2005 zumindest in Luxemburg und in ein paar anderen Ländern abstimmen durften.
Könnten wir mal eine breite Diskussion darüber haben, wie Geld regiert werden soll, und dabei auch diesen Punkt besprechen?
Alles war gut, solange alles gut ging.
Damit war auf einmal Schluss, als sich im Zuge der Finanzkrise ab 2008 zeigte, wie schlecht die Kredite vergeben waren, wie schlecht die damit von privater und öffentlicher Hand getätigten Investitionen waren, und das in vielen Ländern.
Auf einmal haben viele private Gläubiger realisiert, dass einige dieser Länder für die Zinsen nicht mehr aufkommen können, und wollten deshalb ihre Kredite nicht erneuern. Und damit lösten sie den offenen Teil der Staats-Schulden-Krise definitiv aus.

12)   *Maastricht verbessert*   : *Vorschläge I*

Der Stabilitäts- und Wachstums-Pakt, und die Maastrichter Kriterien müssen wie folgt verbessert werden:

- Defizite und Schuldenstand als Funktion der jeweils letztjährigen Staatseinkommen (nicht des GDP)
- das neue Budget auf dem Niveau des alten halten
- wenn mehr Steuergeld hereinkommt, Schulden zurückzahlen
- wenn die Schulden bezahlt sind, und noch immer mehr Steuergeld hereinkommt, das Budget des nächsten Jahres um die Differenz erhöhen
- Wachstumsgeld muss von der Zentralbank kommen, an jeden Bürger in gleicher Höhe verteilt, als Vollgeld, Geld-ohne-Schuld (Money-no-Debt; MND)
- nicht nachhaltige Zahlungsbilanz-Differenzen über Wechselkurse behandeln
- die Staaten müssen sich über Steuergelder finanzieren, nicht über Schulden
- jeder muss Steuern zahlen, auch jede Firma; jede Transaktion soll besteuert werden, auch die finanziellen
- darauf aufpassen, dass "genügend" Geld in der Real-Wirtschaft bleibt
- Zielwerte für Wolken / Spar - Wirtschaft sollen diskutiert werden, auch entsprechende Regeln dazu

danach

- aufpassen, dass das neu generierte Geld-ohne-Schuld (MND) die Verluste in Richtung Wolken - und Spar - Wirtschaft kompensieren kann

Die kontinuierliche Umsetzung dieses letzten Punktes wird den grössten Teil des Zins-Themas aus dem System nehmen.

13)   Marktwirtschaft

Wir alle gehen gerne zum Markt und kaufen dort das beste Gemüse zum billigsten Preis, und freuen uns darüber, dass die Verkäufer sich gegenseitig über Margen und Kosten einen harten Wettbewerb liefern.

Bei unserer Arbeit geniessen wir es im Allgemeinen sehr viel weniger, wenn ein neuer Wettbewerber auftritt, uns im Preis unterbietet, in der Qualität übertrumpft.

Das vermindert unser Einkommen.

So geht viel Energie darauf, mir eine Monopolstellung zu verschaffen für die Dinge, die ich verkaufe, währenddessen mir die wahre Marktsituation für die Sachen, die ich kaufe, sehr gefällt.

Man kann das "asymmetrisches Benehmen" nennen, ich vernichte meinen eigenen Wettbewerber, rufe aber nach mehr Wettbewerb im Supermarkt.

Wenn das gut klappt, werde ich reich.

Beobachtet man geschlossene Märkte über einen längeren Zeitrahmen, so wird es irgendwann mal klar, dass nur wenige Akteure übrig bleiben, sehr oft ein Leader, welcher den Rhythmus bestimmt, dann ein Nachläufer, die Nummer zwei, und ein ständig ums Überleben kämpfender Dritter. (So war es in den USA mit GM, Ford und Chrysler, bevor die Japaner kamen.)

Überlässt man den Markt sich selbst, so fördert er das Aufkommen von grossen Marktanteilen für ein paar wenige, welche immer versuchen werden, den Markt zu dominieren und im Endeffekt den Wettbewerb zu eliminieren.

Geht's ein bisschen länger, so bleibt nur einer übrig, und wir haben ein Monopol, und der Monopolist wird richtig reich.

Hätte man nicht eine Anti-Trust-Prozedur fürchten müssen, so hätte GM die andern beiden plattgemacht, um danach allein da zu stehen.

Da wir alle die Marktwirtschaft im Supermarkt schätzen, sie aber gleichzeitig in unserem Job vermeiden wollen, ist es die Aufgabe des Staates als Hüter des wirtschaftlichen Rahmens, den Markt am Leben zu halten. Je länger er damit zuwartet, desto schwieriger wird es, da gerade die Interessen, welche es zu beschneiden gilt, die ganze Zeit über immer mächtiger werden, finanziell und politisch. Frühes Eingreifen lohnt sich.

Teddy Roosevelt hatte es fertiggebracht, die grossen Monopole seiner Zeit aufzubrechen (z.B. Rockefellers Standard Oil), und verdient dafür unseren bleibenden Respekt.

Schlussfolgerung: Marktwirtschaft ist etwas sehr Gutes, aber man sollte sie nicht allzulang alleine lassen, sie muss überwacht werden, ihre Teilnehmer auch, und zwar vom Hüter des wirtschaftlichen Rahmens.

14)   Soziale Marktwirtschaft

Wer soll denn welchen Teil der Wertschöpfung bekommen:
      Kunde, Firma, Mitarbeiter, Management, Aktionäre,
      Gläubiger, "Stakeholder" (andere Beteiligte) ?

Lässt man den Dingen ihren Lauf, so werden einmal mehr die Resultate mit der Zeit immer merkwürdiger, je nachdem welcher dieser "Partner" es schafft, sich eine Monopolsituation zu erarbeiten, und diese dann auch ausnützt.

Sorgfältiges Abwägen ist gefragt, um Probleme zu vermeiden. Das ist eine gute Aufgabe für ein anständiges Management, nicht für Aktionäre.

Bemüht sich niemand um das Wohlergehen der Firma, so bleiben Investitionen aus, der Maschinenpark altert, die Produkte werden obsolet, und damit die ganze Firma.

Geht der ganze Vorteil zum Kunden, versinken alle andern im Elend, und sie werden den Laden dicht machen, wenn sie sich das erlauben können.

Geht der grösste Teil des Kuchens an die Mitarbeiter in Form von Geld oder schöneren Arbeitsbedingungen, wird dabei die Belegschaft eventuell recht behäbig, auch werden Aktionäre und Gläubiger auf die Matte gerufen.

Geht alles zu den Aktionären, dann zu den Gläubigern, wobei das Management mit Schmiergeld ruhig gestellt wird, so wird das Personal sich betrogen fühlen, und die Kunden werden bald über mangelnde Innovation, schlechte Qualität und Service, sowie hohe Preise klagen.

Diese letzten Punkte sehen wir heutzutage überall in Aktion, bei den vielen mit Fremdkapital gehebelten Privat-Kapital-Übernahmen (private equity leveraged buy-out), und deren Betonung auf Aktionärswerten (shareholder value).

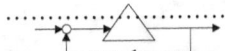

Wenn die sonstigen Teilnehmer (Stakeholders) wie lokale Gemeinden nichts von der Aktivität haben, ausser der Belastung ihrer Umwelt, so werden sie sich freuen, wenn man wieder wegzieht.

Sind die Ziele einer Gesellschaftsordnung Beschäftigung und dezente Lebensbedingungen, und sieht man sich die Leistungen von Ludwig Erhard in Deutschland nach den 2. Weltkrieg an, so wird offensichtlich, dass ein guter Teil der Früchte von Arbeit und Fortschritt den Kunden und dem Personal zukommen muss, welche dafür sorgen, dass das Geld zirkuliert und damit Arbeit schafft.
Und eher nicht einer Wolke, wo das Geld, welches der realen Wirtschaft fehlt, nur sitzt oder herumschwirrt, ohne reale Arbeit und Wertschöpfung zu ermöglichen.

Der Teil, welcher in der Firma verbleibt, kann in neue Kapazität und neues Können reinvestiert werden, der Teil für die Aktionäre sollte innerhalb eines vertretbaren Rahmens liegen (0 .. 5 % nach Inflation), mit Bezug zu den realen und aktuellen Werten des einstigen Kapital-Einsatzes.

Heisse Luft wie grosse "GoodWill" - Bestände nach Übernahmen sollten nicht auf der Bilanz der Firma lasten, weder auf der linken Seite (als GoodWill) noch und vor allem nicht auf der rechten Seite (als Schulden). Wurden Schulden aufgenommen, um die Firma zu kaufen, so sollten sie den Käufer selbst belasten, nicht die Firma.

Die Gesamtmenge an Spargeld muss von Zentralbank und Finanzminister überwacht werden, da es dem Kreislauf entzogen wird, somit wirtschaftliche Aktivität zerstört und Arbeitslosigkeit generiert.
Es muss mit frischem Geld von der Zentralbank kompensiert werden, welches nicht als Geld&Schuld herausgegeben wird, sondern als Geld-ohne-Schuld (MND), um weitere Probleme zu verhindern. Das wird mit der Zeit einen grossen Überhang an gespartem Geld hervorbringen, aber wenigstens nicht die Schulden, die sonst damit einhergehen.
Dieser Überhang ist heute 10 mal grösser als das Geld, welches zirkulieren darf, und hängt mitsamt entsprechenden Schulden wie ein Damokles-Schwert über dem Bestreben, stabile Volkswirtschaften und nachhaltiges Wachstum zu ermöglichen.

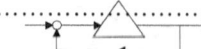

Er wird heute willentlich oder unwillentlich dazu missbraucht, in der realen Wirtschaft kurzfristige Ungleichgewichte zu verursachen, wobei die betroffene Volkswirtschaft nicht schnell genug reagieren kann um Elend zu vermeiden.

Die meisten Gegenden begrüssen es, wenn Geld aus dem Ausland oder aus Sparvermögen auf einmal hereinkommt, es ermöglicht Arbeitsplätze, den Aufbau von Infrastruktur und so weiter.

Wird das Geld aber wieder herausgezogen oder fliesst es vielleicht nicht mehr nach wie nunmehr gewohnt, dann ist die Krise perfekt im betroffenen Gebiet, welches kaum Zeit hat, sich auf diesen schnellen Abstieg einzustellen.

Die Asien-Krise Ende der 90' Jahre war ein gutes Beispiel für all das. Es lässt sich folgern, dass grosse Mengen an Erspartem gut sind, da sie unseren Wohlstand und unser Vermögen darstellen, aber die Art und Weise, wie sie in eine reale Wirtschaft hineingestossen und wieder herausgezogen werden können, muss von den jeweiligen lokalen Institutionen vor Ort ge"managed" werden. Investitionen müssen besser "kleben", nicht allzu schnell reversibel sein, Kapitalkontrollen irgendwelcher Art werden wieder notwendig.

Den allzu freien Kapital-Verkehr kann man vergessen. Viel zu gefährlich!

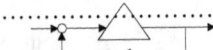

15)   Umgestaltung der Finanzwirtschaft : Vorschläge II

Das real existierende Geschäftsmodell der Banken hat mittlerweile seine Glaubwürdigkeit endgültig verloren, die meisten Banken mussten in den letzten Jahren ein oder zweimal von ihren Staaten oder ihrer Zentralbank gerettet werden.

Heute
- sitzen sie auf den schlechten Schuldscheinen von öffentlichen und privaten Schuldnern
- sollen gemäss Basel III ihre Kapitalbasis aufstocken

so dass sie kaum noch Lust haben, der realen Wirtschaft Geld zu leihen, und diese an bitter benötigte Gelder nicht mehr rankommen.

Im Bestreben Geld zu sparen und damit ihr Eigenkapital zu erhöhen, anstatt es der Real-Wirtschaft zuzuführen, entziehen sie es dieser und generieren damit noch mehr Elend.

Das Geld zum Aufmöbeln der Banken sollte besser aus der Finanzwolke kommen.

Da es dies aber nicht tut, stellt sich die Frage: wer braucht solche Institutionen wie die heutigen Geschäftsbanken?

Mein Vorschlag wäre, einen kohärenten Satz von robusten Institutionen zu gründen, deren Geschäfte wir alle verstehen können.

Auch sollten diese Institutionen allesamt separat sein, um Interessens-Konflikte zu vermeiden.

Vorschlag: das Geld, welches wir sparen, zahlen wir bei einer **zentralen** Post-**Spar-Kasse** ein, **F**inanz-**S**ervice-**I**nstitution **I** (**FSI-I**), welche uns eventuell Zinsen zum Inflationsausgleich gibt, aber auf keinen Fall mehr.

Dafür aber garantiert sie uns das Ersparte im Namen des Landes, oder in unserem Falle im Namen Europas. Mit dem Geld tut sie gar nichts, nicht investieren, nicht spekulieren. Sie verwaltet nur das Sparkonto, und die Geldflüsse zwischen den Akteuren. Jeder von uns hat zwei Konten bei dieser Institution, eins fürs Sparen, eins für die täglichen Transaktionen. Es stellt ein "Clearing"-System für uns alle dar, muss professionell geführt und kontrolliert werden.

Viel Post-Bank-Systeme rund um die Welt funktionieren ganz ähnlich, mein Postcheckkonto in Luxemburg verwaltet meine Transaktionen gut und effizient, und hat das für meinen Vater und Grossvater auch schon so getan.

Will ich heute Zinsen (mehr als die Inflation), so bringe ich mein Geld zur Geschäftsbank, die hilft mir dann, es hoffentlich gut zu investieren, oder verleiht es.

Mein Vorschlag ist, das Investieren und das Ausleihen zu trennen, das Erste geht zur Fond-Industrie, das Zweite zur **neuen Bank**, Finanz-Service Industrie **II (FSI-II)**

Die neue Bank ist eine private Gesellschaft, ihre Aktionäre stecken ihr eigenes Geld hinein, welches dem Risiko ausgesetzt ist und bleibt. Ist mehr Geld benötigt, so leiht sich die Bank das bei der Zentralbank, und nur dort, zum jeweilig gültigen Zinssatz. Es braucht ein gesundes Verhältnis zwischen ausgeliehenem Geld und Eigenkapital. Mein Vorschlag läge bei einer Bandbreite von 25 .. 33 % Eigenkapital, welches bei der Zentralbank hinterlegt wird, so dass die Bank maximal 3 mal mehr Geld verleiht als ihre Aktionäre selbst einsetzen wollen. Die Zielwerte werden im Detail von der Zentralbank gesetzt, sollen sich nicht allzu schnell ändern und neue Bank sowie Real-Wirtschaft nicht dadurch in Gefahr bringen.

Die Bank bekommt keine Spargelder mehr, und setzt es somit keinen Risiken aus.

Die Bank zahlt kein Cash-Geld aus, sondern überweist Geld auf das Konto des Kreditnehmers beim zentralen Spar-Institut. Auf diese Weise wird die Bank vor Überfällen und verzweifelten Menschenschlangen sicher sein.

Die Bank generiert kein (Giral-)Geld&Schuld auf eigene Faust, sondern leiht sich alles fehlende Geld bei der Zentralbank aus. So kennt die Zentralbank zu jedem Zeitpunkt die finanzielle Situation der Bank. Innerhalb des vorgeschriebenen Verhältnisses zwischen Eigenkapital und Kreditmenge darf die Bank verleihen wie sie will, muss aber die Zentralbank über die allgemeine Richtung auf dem laufenden halten, und die Zentralbank mag dazu nicht bindende Kommentare anbieten. Vielleicht kann man so die monetäre Überhitzung eines Sektors verhindern.

Privatpersonen werden keine klassischen Einlagen bei der Bank mehr haben, diese riskieren also nichts mehr.

Wenn man Geld zurück in den Kreislauf geben will, indem man es bei oder mit Banken investiert, so kann man sich als Miteigentümer bewerben, was die Bilanz der Bank stärken wird. Laufen die Geschäfte gut, so bekommt man Dividenden, tun sie das nicht, so gibt es halt nichts. Wird die Milch sauer, so ist das Kapital verloren. Keine Rettung durch Staat oder Steuerzahler.

Die Banken werden nicht wachsen, bis sie zu gross sind, um untergehen zu dürfen. Alles, was privat und zu gross zum Scheitern ist, ist halt nur zu gross, und muss zerschlagen werden, bevor es Probleme macht.

Die **Finanz-Service-Industrie III (FSI-III)** wird dazu da sein, **Verkauf und Handel von Aktien und Schuldscheinen** zu organisieren. Sie wird nicht auf eigene Rechnung selbst mit diesen Wertpapieren spekulieren, aber für die Qualität der sie umgebenden Informationen sorgen, sowie einen einfachen und effizienten Zugang dieses Marktes für alle ermöglichen. Ein Satz von Transaktionssteuern wird vom Finanzminister definiert werden, und die FS-III wird diese direkt an das Steueramt überweisen.

Die **Finanz-Service-Industrie IV (FSI-IV)** wird grosse und kleine Investoren bei ihrer Vermögensverwaltung beraten, gegen Gebühr.

Die **Finanz-Service-Industrie V (FSI-V)** wird Fonds aufsetzen und verwalten, Fonds-Manager sind unabhängig und haben keine eigenen Interessen oder Aktien an Firmen, mit welchen sie arbeiten.
Die Fonds-Manager stehen für das Zahlen von Steuern auf den Gewinnen gerade.
Bei jeder Übernahme einer Firma mithilfe von Geld werden wenigstens 51 % Kapital verlangt, cash, nicht von der Bank geliehen.
Bei jeder Übernahme ist es strengstens verboten, die Schulden auf die Bilanz der gekauften Firma zu setzen.
Der Käufer hat mit der maximalen Dividende zu leben, welche die Firma auszahlen kann, ohne sich selbst in Gefahr zu bringen. Das Management wird bestimmt und kontrolliert vom Verwaltungsrat, wo auch Vertreter von Stakeholder und Personal Einzug halten.
Der Investor weiss, dass sein Geld bei Aktien, Fonds und Obligationen dem Risiko ausgesetzt ist, und erntet Erfolg oder Misserfolg. Keine Rettung vom Staat.

Der Investor wird sein Geld aus seinem zentralen Sparguthaben zum Investment überweisen, dabei unterwegs Transaktionssteuer zahlen.
Keine Steuererleichterung für Investoren.

Mit Seitenblick auf das islamische Finanzwesen werden Zinsen auf Obligationen nicht fix sein, sondern abhängig vom unternehmerischen Erfolg sein. Wiegt die Last der Schulden zu schwer auf der Firma, werden sie ganz oder teilweise in Aktien verwandelt.

Die **Finanz-Service-Industrie VI (FSI-VI)** wird die Assekuranz, die Versicherungs-Industrie sein, auch sie ohne Verbindungen zu anderen Dienstleistungen.
Es wird keine Mixtur dieser verschiedenen Dienstleistungen geben, keine alles-in-einer Firma (Bank), welche alles tut und dadurch in Interessenkonflikte gerät. Probleme werden nicht von der einen auf die andere Seite hinüberfliessen, da es keine andere Seite unter dem gleichen Schirm geben wird.

Kurz resümiert, hier ist der Vorschlag zur zukünftigen

Struktur der Finanz-Industrie:

I.   Zentrale Post-Spar-Kasse
(sammelt alle Ersparnisse, zahlt keine realen Zinsen, erledigt Zahlungsverkehr)

II.   Neue Bank-Industrie
(kein Cash, keine (Giral-) Geld&Schuld Kreation)

III.   Verkauf und Handel von Wertschriften
(Erstausgaben von Aktien und Obligationen organisieren, deren Handel verwalten)

IV.   Beratung von Investoren
(nur Beratung, kein Eigengeschäft)

V.   Fonds aufsetzen und verwalten
(nur Fremdgeld, keine eigenen Geschäfte)

VI.   Assekuranz
(nur materielle Risiken, keine Pensionen, Lebens oder Sozialversicherung)

Und alle strikt voneinander getrennt!

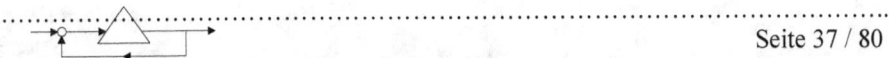

16)   Pensionswesen

Die Angst der Baby-Boomer, ihr Leben innerhalb einer auf dem Kopf stehenden Alterspyramide beenden zu müssen, und deren Einfluss auf die Pensions-Systeme und die Real-Wirtschaft wurde schon thematisiert, muss hier aber noch mal angesprochen werden.

Vorschlag: Pensionen sollen durch gleichzeitige Beiträge aus der Real-Wirtschaft bezahlt werden, mit limitierten Reserven, um Spekulation und sonstige negativen Einflüsse auf den Wirtschaftskreislauf zu vermeiden.

Wenn es sein muss, sollte eine Zusatzsteuer auf allen Ersparnissen in der zentralen Post-SparKasse sie aufbessern, oder ganz allgemein das Steueraufkommen der Real-Ökonomie.

Individuelle Pensionsrechte werden berechnet aufgrund der individuellen Einzahlungen während der aktiven Zeit, dem Verhältnis zwischen vergangenem und jetzigen BruttoSozialProdukt, und dem jetzigen Einzahlungs-Niveau.

Alle unsere Versuche, im Alter die Bettdecke weiter zu uns rüber zu ziehen, werden daran scheitern, dass so oder so nicht mehr Leute arbeiten werden, als wir Kinder gezeugt und erzogen haben.

Man könnte in Länder mit einer jüngeren Bevölkerung investieren, diese Leute würden vielleicht unser Alter mitbezahlen, da sie von unserem Geld profitierten, solang wir noch welches hatten. Ob sie das auch wirklich tun werden, muss man dann noch sehen, ein paar Jahrzehnte später.....

Es wäre dann wohl notwendig, in diesen Ländern mit unserem Geld Ausbildung und wirtschaftliche Strukturen zu fördern, lange bevor man irgendwelche Beiträge zurückkommen sieht.

Unsere Beiträge in die Pensionskassen sollten übrigens ohne obere Grenze ans persönliche Einkommen gebunden sein, da sie proportional zum BruttoSozialProdukt sein sollen.

17)   Soziale Sicherheit

Die Soziale Sicherheit soll auch auf dem Prinzip der Gleichzeitigkeit basieren, um Spekulation und auch sonstige negative Einflüsse auf die Wirtschaft zu vermeiden.

Sie wird Risiken wie Krankheit, Invalidität, Unfall oder frühes Ableben abdecken. Und aktive Prävention und Forschung betreiben, in den Bereichen Medizin, Gesundheit, Sicherheit, etc.

Es sollte in jeder Region oder jedem Land ein obligatorisches System geben, Ziel ist, dieses System sehr gut zu verwalten und zu führen, wobei kontinuierliche Vergleiche mit Systemen in anderen Ländern den Fortschritt absichern werden.

Damit koexistieren können Zusatzsysteme für wohlhabendere Leute, welche neuere und teure Behandlungen möchten. Aber das Basis-System muss jedem während seines Lebens effektive und effiziente Dienstleistungen anbieten. Diese Basis-Leistungen können sich mit der Zeit wandeln und verbessern, wenn neue Forschungs-Resultate sich konkretisieren, oder neue Behandlungsmethoden effektiver und kosteneffizienter werden.

Auch hier sollten die Beiträge ans persönliche Einkommen gekoppelt sein, ohne Obergrenze, um proportional zu BruttoSozialProdukt zu bleiben.

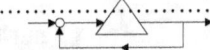

18) öffentliche oder private Schulden

In einer geschlossenen Volkswirtschaft gilt folgende Formel:

$$(S - I) \quad + \quad (T - G) \quad = 0 \text{ oder}$$
$$PS \quad + \quad GS \quad = 0 \quad ; \quad PS = - GS$$

$$PS = (S - I) \qquad GS = (T - G)$$

S : privates Sparen   T : Steueraufkommen
I : private Investitionen   G : Ausgaben Staat
PS: **P**rivater Überschuss   GS : Staats-Überschuss

So ist jeder Staatsüberschuss das Defizit des privaten Sektors, und umgekehrt. Macht der Staat keine Schulden, macht der Privatsektor auch keinen Überschuss, keinen Gewinn!!
In unserem System wird der Privatsektor nur reicher, wenn die Allgemeinheit arm wird !!
Um das alles nachhaltig zu gestalten, müssen beide nahe bei null bleiben, oder nicht weit davon entfernt hin und her schwingen.
Insgesamt macht es für eine Gesellschaft keinen Sinn, private Überschüsse zu kumulieren, wenn es auf der anderen Seite das Aufhäufen von Staatsschulden bedeutet, mit gleicher Geschwindigkeit.
Regierungen sollten deshalb ein angepasstes Steuer- und Ausgabe-Verhalten haben, um alles im Gleichgewicht zu halten.

Die Dinge werden ein bisschen komplexer, wenn das Ausland Geld in unsere Wirtschaft hinein und hinaus bringt.

$$(S - I) + (T - G) = (X - M) \text{ oder}$$
$$PS + GS = DXM \text{ wobei } DXM = (X - M)$$

mit
X : Zufluss von Geld = Wert der Exporte + Gewinne von unseren Firmen im Ausland + Geld-Zufluss oder Transfers über Banken
M : Abfluss von Geldern = Kosten der Importe + Gewinne von ausländischen Firmen bei uns + Abflüsse oder Transfers über Banken

DXM : Zahlungsbilanz

- wenn von aussen ein Netto-Zufluss besteht, wird er entweder zu öffentlichen oder privaten Kassen gehen, oder zu beiden
- wenn ein Netto-Abfluss zum Ausland besteht, wird er entweder aus öffentlichen oder privaten Kassen kommen, oder aus beiden

Ein nachhaltiges System wird diese Geld-Flüsse zwischen öffentlich und privat gut ausbalancieren, und danach streben, jegliche Ungleichgewichte klein zu halten.

- wenn DXM negativ bleibt, und private Konten unverändert bleiben, so wird der Staat irgendwann pleite sein, seine Bürger aber noch immer reich
- wenn DXM über längere Zeit negativ bleibt, und die Defizite sind zwischen privat und öffentlich gut balanciert, gehen beide irgendwann bankrott

Beide haben also ein Interesse daran, die Dinge zu verbessern, zusammen.
- Wenn DXM positiv ist, und die öffentliche Hand profitiert davon nicht, werden einige Bürger sehr reich werden. Wenn gleichzeitig die Staatsfinanzen sich verschlechtern, mag der Staat pleite gehen, trotz der guten Geschäfte seiner Bürger, trotz deren wachsendem Reichtum.

Das ist in etwa die Lage in Deutschland in diesen Tagen, wo während all den Jahren mit grossen Aussenhandels-Überschüssen die Staatsschuld trotzdem munter weiter gewachsen ist. Man kann daraus nur schliessen, dass der Staat entweder dumm genug war, um dies zuzulassen, oder dass er von Entscheidungsträgern dominiert wurde, welche
-   grosses Eigeninteresse haben, es dabei zu lassen
-   zum Ziel haben, ihrem Teil der Wählerschaft bei der Stange zu halten.

Wir wollen jetzt etwas Vollgeld, Geld-ohne-Schuld, (MND) von der Zentralbank dazu geben:

$$(S - I) + (T - G) = (X - M) + MND$$

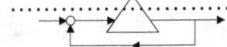

Man könnte ja meinen, dass das zumindest nominell erhöhte BruttoSozialProdukt (GDP), die vielen Dinge, welche wir übers letzte Jahr gebaut haben, die Dienstleistungen, welche wir erbracht haben, sich in einer grösseren Geldmenge reflektieren sollten.

Oder dass wir es angebracht finden, x % unseres Einkommens für schlechtere oder spätere Tage zu sparen, und trotzdem genügend Geld im Kreislauf haben wollen.

Das könnte die Zentralbank ganz einfach hinkriegen, nämlich indem sie dieselben x % als Geld-ohne-Schuld dem System zuschiesst. Um das gerecht zu handhaben, sollte jede Person innerhalb des Zuständigkeitsbereiches der Zentralbank den gleichen Betrag erhalten, oder zumindest einen Betrag, welcher an das lokale BruttoSozialProdukt (GDP) gebunden ist.

Also lasst uns die öffentlichen Finanzen, Handels- und Zahlungsbilanzen im Gleichgewicht halten, und bei der zentralen Post-Sparkasse unsere privaten Ersparnisse aufhäufen.

Nicht alle werden die gleichen Beträge sparen können oder wollen, aber es werden Ersparnisse sein, die nicht eines anderen Schulden sind.

Eine andere Möglichkeit, welche man des öfteren beobachten kann, wäre:

Die Zentralbank druckt Geld und gibt es der Regierung, um Haushaltslöcher zu stopfen.

$$(S - I) + (T + \mathbf{MND} - G) = (X - M)$$

Das private Netto-Einkommen wird dann dem Resultat der Zahlungsbilanz entsprechen, der zweite Term links zu null wird.

Oder, wenn die Zentralbank dafür Zinsen will:

$$(S - I) + (T + MND - G - \mathbf{II}) = (X - M)$$

Oder: private Leute und Institutionen leihen dem Staat die überschüssigen Gelder vom letzten Jahr, (PLC : Privates-Leih-Cash), um die Budget-Löcher zu stopfen, gegen Zinsen:

$$(S - I) + (T + \mathbf{PLC} - G - \mathbf{II}) = (X - M)$$

oder schlimmer: Leute oder Institutionen aus dem Ausland leihen den Staat das nötige Geld (FLC, Foreign Lending Cash), um diese Löcher zu stopfen, auch gegen Zinsen:

$$(S - I) + (T + \mathbf{FLC} - G - \mathbf{II}) = (X - M)$$

In den letzten drei Szenarien wird die Milch spätestens dann sauer, wenn das neu geborgte Geld gerade mal ausreicht, um die Zinsen der alten Gelder zu bedienen.

An dem Tage sind die Ausgaben wieder auf dem Stand der Steuereinnahmen, wo sie an und für sich von Anfang an hätten bleiben sollen, mit dem interessanten Unterschied, dass sich das Land in der Zwischenzeit hoch verschuldet hat.
Wenn nun am Tag darauf die Zinsen steigen, müssen die Ausgaben auf einmal doch zurückgefahren werden, den Schaden hat dann erst mal die Wirtschaft.

II >= PLC: wenn die Zinsen höher sind als das von inländischen Gläubigern geliehene Geld, kann die Regierung sich vielleicht noch mit diesen patriotischen Gläubigern arrangieren

II>= FLC : ausländische Gläubiger verstehen selten viel Spass, der Staat geht pleite
Es wird noch schlimmer, wenn Gläubiger die Kredite bei deren Termin nicht erneuern wollen, jetzt muss das Kapital auf der Stelle zurückgezahlt werden, und nicht nur die Zinsen. Damit wird es richtig eng für die Real-Wirtschaft, welche nun nicht nur die Zinsen, sondern auch das Kapital als bis eben zirkulierendes Geld verliert, so dass weniger übrigbleibt, um die Wirtschaft am Laufen zu halten.
Gerade das geschah in Süd-Europa, bevor M Draghi, der Chef der EZB im Sommer 2012 ankündigte, alles Notwendige zu tun, um die Situation zu retten.

Wenn doch nur die bisherigen Gläubiger ihr wiedererlangtes Geld nun ausgeben würden, das brächte die Wirtschaft doch wieder in Schwung.
Wenn wir doch nur unser Geld ausgeben würden, anstatt 10 .. 15 % unseres Einkommens zu sparen.

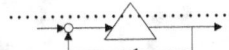

Wenn wir nur aufhören könnten, privates Spargeld aufzuhäufen, obschon wir wissen (oder vielleicht auch nicht), dass wir andere Leute damit in die Schulden treiben, oder in die Arbeitslosigkeit, und sie dort schmoren lassen.

Können wir den Leuten sagen, sie sollen nicht sparen?
Kommt man gegen diesen Urinstinkt von uns Menschen an?
Wie wollen wir unserem Bedürfnis nach Sparen nachkommen, und trotzdem etwas für die Sicherung unserer Arbeitsplätze tun?

Nun, unsere Staaten in den Ruin zu treiben, nur um ein paar von uns reich zu machen, ist für mich kein gutes Konzept. Der Ausweg besteht nicht darin, dass der Staat von heute auf morgen weniger ausgibt, sondern die Ausgaben konstant hält und die Steuern anhebt, um die laufenden Kosten zu tragen. Das muss allerdings schlau umgesetzt werden, die Mehreinnahmen sollen direkt von der Finanz-Wolke herrühren, und/oder aus den Geldern bestehen, welche sonst dorthin wieder verschwinden würden.

Wenn das über einen längeren Zeitraum nicht gelingt, so habe ich den Verdacht, dass mächtige Interessengruppen mit ihren Lobbys genau das vermeiden. Diese müssen schachmatt gesetzt werden!
Der Staat muss das Geld, was er sich sonst ausleiht, von seinen Bürgern und Unternehmen als Steuern eintreiben, vorneweg.
Auf der anderen Seite sollte die steuerliche Gesamtbelastung innerhalb eines akzeptablen Rahmens bleiben, auf eine solche Zahl sollte die Gesellschaft sich einigen (z.B. 40% ?). Ist sie zu gross, wird sie die Wirtschaft abwürgen, ist sie zu klein, werden die Unterschiede in der privaten Lebensführung zu gross.
Aber wie auch immer diese Zahl sich darstellt, die Konten müssen sich ausgleichen.

Man sollte nicht auf das Argument eingehen, dass Sparer Staatspapiere brauchen, um ihr Geld sicher investieren zu können. Sie sollen ihr Geld ins zentrale Spar-Institut geben. Wenn sie mehr Rendite wollen, dann müssen sie halt mehr Risiken eingehen, und in richtige wirtschaftliche Tätigkeiten investieren (z.B. in wachsende Firmen).

Zu fordern, wir alle sollen ihnen Zinsen bezahlen, nur weil die Steuern zu tief sind, das geht also nicht!

Gegen Ende 2012 standen die USA vor ihrem Steuer-Abgrund ("fiscal cliff"), es drohten 5 % Steuererhöhung, und gleichzeitig 5% weniger Staatsausgaben. Dazu kam es nur, weil die beiden Parteien im Kongress sich beim Thema Staatsfinanzen lange nicht einigen konnten.

Der Autor meint dazu, dass die Steuererhöhung ok ist, wenn sie die Gelder betrifft, welche sonst in die Wolke entschwinden würden, und nicht die Gelder der Real-Wirtschaft.

Die Senkung der Staatsausgaben ist nicht ok, da die Real-Wirtschaft um den gleichen Betrag schrumpfen würde, und noch mehr Rezession verursachen.

Ziel ist, mit allen, auch mit unkonventionellen Mitteln, die Real-Wirtschaft auf Niveau zu halten, und es ihr so erlauben, wieder auf die Beine zu kommen.

Das Schrumpfen der Wirtschaft hingegen wird in einer Spirale nach unten münden, und weitverbreitetes Elend verursachen.

19)   Reichtum & Vermögen

Wir möchten alle reich sein oder werden, wobei reich sein bedeutet, viel mehr Geld übrig zu haben, und viel mehr Eigentum, als die meisten unserer Mitmenschen.

Die meisten von uns sind nicht sehr reich, aber wir alle möchten an dem festhalten, was wir haben, und sicher auch den Wert unserer Ersparnisse erhalten.

Wir wissen alle, dass Aktien rauf und runter gehen können, dass Dividenden gezahlt werden oder auch nicht, dass Unternehmen florieren oder auch untergehen.

Was wir nicht akzeptieren wollen, ist dass unser Geld von der Inflation entwertet wird, oder durch die Pleite unserer Bank vollends verschwindet. Auch wollen wir uns nicht vorschreiben lassen, zugunsten von Real-Wirtschaft und den Geldkreislauf doch endlich weniger zu sparen.

Deshalb mein Vorschlag, unsere Ersparnisse in die zentrale Spar-Institution zu geben, wie im Kapitel über die Neugestaltung unserer Finanzwirtschaft beschrieben. Diese Institution wird unser Geld nicht ausleihen, aber kann uns Zinsen zahlen, um die Inflation auszugleichen.

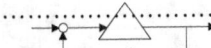

Aber auch nicht mehr! Wenn jemand reicher werden will, indem er sein Geld "arbeiten" lässt, so soll er die anderen Akteure der neuen Finanzindustrie kontaktieren, auf eigenes Risiko.

Jeder der nur seinen Geldwert erhalten will, bleibt beim Sparkonto, garantiert durch den Staat, den Inflationsausgleich generiert die Zentralbank mit Geld-ohne-Schuld, ohne Begrenzung der Beträge. Teilnahmeberechtigt sind die Bürger, welche im Zuständigkeitsbereich der relevanten Institutionen leben, also von Zentralbank, Staat, und vom Statistikamt, welches die Inflationsrate ermittelt.

In Zeiten von Krise, Rezession, Defiziten kann dieses Vermögen eventuell auch besteuert werden, anstatt es mit Obligationen zu locken.

Man könnte sich auch schwierige Zeiten vorstellen, wo der Zinssatz unter der Inflation liegen würde, sagen wir mal bei 50 % derselben.

Wird Geldvermögen dazu genutzt, um Immobilien zu kaufen, so ist es zumindest dem Kreislauf nicht mehr entzogen. Ob und wie diese Immobilie, oder das darauf basierende Einkommen, besteuert werden soll, betrifft als Thema der "sozialen Gerechtigkeit" die Stabilität des Finanzsystems kaum, und soll auch deshalb hier nicht behandelt werden.

Wir sollten uns auch vor Augen halten, dass unser wahre Reichtum in unserer Fähigkeit liegt, Reichtum zu erschaffen, oder wieder zu erschaffen, wenn nötig.

Was uns reich macht sind die Dinge die wir wissen und die wir können, unser Talent zur Organisation und zur Umsetzung, sowie zur Weiterentwicklung dieser aller Faktoren.

Erziehung, Organisation (in Politik und Unternehmen), sowie harte Arbeit sind und bleiben wichtig, egal wieviel Geld wir gerade haben oder auch nicht.

20) das Problem heute

In der EuroZone ist die Situation 10 Jahre lang nur schlimmer geworden, also von Anfang an. Sogenannte Investoren haben an effiziente Volkswirtschaften zum gleichen Zinssatz Geld verliehen wie auch an weniger effiziente, mit dem Resultat, dass die letztgenannten viel zuviel Geld bekommen haben, zu niedrigen Zinsen.

Nun haben diese wenig effizienten das Geld ausgegeben, schlecht investiert oder einfach in den Konsum gesteckt, jetzt haben sie die Schulden am Hals, die sie nie zurückbezahlen wollten, und jetzt steigen auch noch ihre Zinsen.

Der Schaden ist angerichtet, und kann nicht rückgängig gemacht werden. Diese Volkswirtschaften werden von selbst nicht auf die Beine kommen, geschweige denn genügend Geld abwerfen um die Zinsen zu zahlen, vom Kapital erst gar nicht zu reden.

In diesen Ländern haben die Banken billiges Geld von der Zentralbank bekommen, und sich dann bei der Ausgabe von selbst generierten (Giral-) Geld&Schuld an private und öffentliche Hände nicht zurückgehalten. So dass jetzt nicht nur die Staatsschulden völlig untragbar wurden, sondern auch viele Privatschulden, um so mehr als die Wirtschaft nicht vom Fleck kommt.

Die Lage ist ziemlich verzweifelt, da die Gläubiger die Staatskredite nicht erneuern wollen, reale Länder mit realer Depression oder der glatten Pleite konfrontiert sind, und viele ihrer Bürger auch. Das verheisst nichts Gutes für die politische Stabilität unserer Wirtschaftszone.

Solche Krisen hatten früher die Tendenz, merkwürdige Gestalten an die Macht zu hieven, und im Kriege zu enden. Man lese über die grosse Depression der 30' Jahre, über ihren Einfluss auf Deutschland, und über den sich daraus ergebenden 2. Weltkrieg.

Alternatives Denken und Handeln sind also gefragt.

Keins dieser Länder wird in absehbarer Zeit fähig und willens sein, seine Schulden zurückzuzahlen. Unternehmen wir nichts, werden die ersten Länder gleich pleite gehen, ein paar mehr werden bald folgen, und der Rest hinterher. Es wird Unruhen geben.

Das Geld ist weg, manche der heutigen Schuldner hatten einen Wirtschaftsboom, und die Banken eine grosse Party. Boom und Party sind im Prinzip nun vorbei, bei der Party in den Banken ist sich der Autor allerdings noch nicht so sicher.

Die Gläubiger waren dumm und naiv, sie verdienen unser Mitgefühl nicht, weder dafür, dass sie erst mal Steuern vermieden haben, noch dafür, dass sie das Geld zum Wohlergehen des Wirtschaftskreislaufes nicht ausgegeben haben, noch weniger dafür, dass sie das Geld dann rücksichtslos verliehen haben.

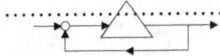

Wovor Professor Bernd Senf schon 1996, also lang bevor wir den Euro hatten, auf den letzten Seiten seines Buches (der Nebel um das Geld) warnte, ist mittlerweile auch eingetreten, nämlich dass stärkere, besser organisierte und disziplinierte Länder signifikante Marktanteile dazugewinnen würden, zum Leidwesen der schwächeren.

Mit der gleichen Währung für alle würden die effizienten Länder nicht mehr von Zeit zu Zeit mit einer steigenden Währung gestraft werden.

Und die schwächeren Länder könnten sich nicht mit einer Abwertung helfen, wo die nominalen Kosten innerhalb des Landes konstant bleiben, aber die realen Kosten des ganzen Landes sinken würden. Sie müssten dann schon den politischen Willen zur internen Abwertung haben, also die nominalen Kosten und Preise, Gehälter, Mieten, Darlehen, Schulden, etc senken, und das ohne die Wirtschaft in eine negative Spirale zu stossen. So was geht nur in Ländern, welche noch nicht stark verschuldet sind, aber nicht dort, wo sehr viele Schulden ausstehen, welche dann schnell sauer werden.

Oder sie müssten ihre Leistungskraft und Produktivität auf das Niveau heben, welches ihrer Kostenstruktur entspricht. Das wäre natürlich ideal, aber es bräuchte erst mal den politischen Willen zum notwendigen Strukturwandel, um kompetitiv zu bleiben oder es wieder zu werden.

Davon ist nicht viel zu sehen.

Was allerdings unter den wachsamen Augen von lokalen und europäischen Politikern geschah war folgendes:

Angesichts von 5 Millionen Arbeitslosen, gleichzeitigen Staatsdefiziten, und vom Unwillen seiner reicheren Bürger, ihr Geld auszugeben, musste Deutschland Anfang der 2000' Jahre etwas tun.

Man hatte die Wahl zwischen

a) die reicheren Bürger dazu zu bringen,
   - mehr Geld auszugeben, und
   - mehr Steuern zu zahlen

   - anstatt mehr Staats-Obligationen zu kaufen
   - anstatt ihr Geld in Steuer-Vermeidungs-Ländern zu verstecken

oder

b) die Arbeitskosten zu senken
(indem man sie über die Zeit nominal stabil hält), um die Volkswirtschaft gegen aussen konkurrenzfähiger zu machen
  und
zuzusehen, wie die Chefs und Besitzer der erfolgreichen grossen und kleinen Exporteure weiterhin
  - deutsche Obligationen kaufen, oder
  - ihr Geld in Steueroasen akkumulieren

Das Ausland hat auch in Deutschland kein Stimmrecht, und ist im Prinzip selbst Schuld, wenn es nicht kompetitiv ist.
Die Regierung Schröder wählte mit ihrer Agenda 2010 die zweite Option, sodann ging die Arbeitslosigkeit zurück auf 3 Millionen, und noch darunter, die Exporte wuchsen, die deutsche Wirtschaft blühte auf. Bis heute unterstreichen riesige Aussenhandels-Überschüsse die Leistung und die Konkurrenzfähigkeit der deutschen Wirtschaft.

Leider blühte weiterhin auch der Schuldenstand.

Infrastruktur, Gemeinden, Schulen blühten nicht auf.

Mit der Agenda 2010 hielt Deutschland das Kosten-Niveau stabil, und wurde von Jahr zu Jahr kompetitiver. Grosse und kleine deutsche Unternehmen machten richtig Geld, ihre Besitzer kauften damit viele Staatsobligationen, auch die der schwächeren Länder, womit diese länger strukturellen Änderungen aus dem Wege gehen konnten. Und sie waren bei weitem nicht die einzigen.
Nun liegen die südlichen Volkswirtschaften danieder, die Strukturen, denen die Änderungen gut getan hätten, sind zerstört und kaum wieder zu beleben, die Schulden drücken und können nicht bedient werden, es kann auch keine Abwertung geben, Deflation ist angesagt, die Depression lauert hinter der nächsten Ecke.
Man mag bezweifeln, dass diese Volkswirtschaften in nächster Zeit überhaupt wieder belebt werden können, das Können der Leute ist oft nicht mehr gefragt, wenn es ihre Fabrik oder ihr Büro nicht mehr gibt.

21)   das Problem Deutschland(s)

Irgendwie, ohne dass jemand so was wirklich wollte, und ohne es irgendwie zu begreifen, hat Deutschland nun aufgrund seiner Arbeitsmoral die letzte Runde der europäischen Kriege gewonnen. Es war eine wirtschaftliche Runde, das soll auch so bleiben.

Sie war auch für Deutschland recht teuer.

Was tun nach einem gewonnenen Krieg ? Speziell wenn man selbst so hoch verschuldet ist !?

Die Andern für sich arbeiten lassen ? Sich von ihnen die Renditen und Pensionen bezahlen lassen? Nachdem man grad eben ihre Arbeitsgrundlagen zerstört hat ?

Wenn man nach wie vor (fälschlicherweise) meint, der (Bundesbank-) Mentalität, welche das Geld regiert, dafür danken zu müssen.

Dabei sind de facto zu bewundern eher die Leistungen deutscher Ingenieure und Arbeiter, sowie die effiziente Verwaltung von allen Vorgängen.

Nur die Verwaltung des Geldes, die verdient keinerlei Applaus.

Deutschland konnte nach Ludwig Erhards Währungsreform wieder neu anfangen, die Themen Schulden und Zinsen waren während einer Generation kein Problem. Jetzt, nach der zweiten Generation, werden die Schulden auf einmal doch sichtbar, über dem monetären System und der Bundesbank-Mentalität hängen dunkle Wolken. Man sehe nur das Ausmass der deutschen Staatsschuld!

Aber jetzt sieht man die Chance, das eigene System zeitlich zu verlängern, indem man mehr vom Gleichen (exportieren) macht, und alle anderen unterwegs platt walzt.

Wozu das Ganze ? Dem Nachbarn das Rückgrat brechen, um danach besser und glücklicher zu leben? Rache für verlorene Kriege ?

Mein Rat wäre, mit dem vielen (Privat-)Geld richtige Investitionen zu tätigen, die den Leuten Arbeit geben. Will man was haben vom gewonnenem Krieg, so muss man den andern wenigstens die Möglichkeit bieten, ihren Lebensunterhalt zu bestreiten, bevor man nach "Reparationen" oder "Tribut" fragt. Wenn es denn das ist, was man will.

Man sollte den Versailler Bogen aber auch nicht überspannen ! Und den Clemenceau nicht nachahmen ! Auch den alten Eisenbahnwagen nicht zurück nach Compiègne schleppen!

22)   der Ausweg: sofortige Massnahme :Vorschläge III

Das einzige, was jetzt noch hilft, ist wenn die Zentralbank die Staats-Schuldscheine aufkauft. Alle. Sowie sie fällig werden. Und die Gläubiger zu grad diesem Zeitpunkt besteuern, aber dann richtig.
Vergessen wir das Bestreben, den "Märkten" zu gefallen, damit sie mehr Staats-Obligationen kaufen. Das nächste Ziel ist, keine Schulden mehr zu machen, keine Obligationen auszugeben!

Die EZB hat bis Mitte 2012 das noch nicht zugeben wollen, ebensowenig die Deutschen, welche dort sehr viel Einfluss haben.
Das wäre noch ein faires Angebot von uns allen an die Gläubiger, sie würden viel von ihrem Geld wiedersehen, auch wenn einiges davon in Steuern und Inflation hängenbleibt.
Auch für uns alle wäre es eine faire Lösung, indem wir die Gläubiger retten und die Schuldner erlösen, werden wir einen totalen Zusammenbruch der Wirtschaft vermeiden.
Davon sind wir nämlich nach wie vor nicht weit entfernt, bei einem solchen Crash würden Unternehmen, Banken, Schuldner in einem Meer von Schulden ertrinken, keine wirtschaftliche Aktivität würde Geld schaffen um diese zu bezahlen, und die Gläubiger würden gar nichts mehr bekommen.
Solche Ereignisse würden politische Systeme schwerlich überstehen, der Vorschlag gibt immerhin dem Grossteil der Bevölkerung eine fortwährende Chance, ihren Lebensunterhalt zu bestreiten. Er wird gleichzeitig Gläubiger, Politiker, Banker jeglicher Couleur davor bewahren, am Laternenpfahl zu enden.

Wichtige Notiz: Der Moment, wo die Staatsschulden abbezahlt werden, ist auch der Zeitpunkt, die Gläubiger streng zu besteuern. Verpasst man diesen Zeitpunkt, vergrössert man nur die Finanz-Wolke. Leider ist es aber genau das, was derzeit passiert (USA; UK seit Oktober 2012)
Ein wichtiger Aspekt von Ludwig Erhards erfolgreicher Einführung der neuen "Deutsche Mark" (DM) war, dass er die alte Reichsmark (RM) grösstenteils entwertete, damit auch die darin gehaltenen Vermögenswerte, und vor allem die in RM gehaltenen Schulden.
So war es Deutschland erlaubt, mit einem weissen Blatt neu zu starten, es gab keine Renditen auf Kapital mehr, und wirklich jeder musste raus und was arbeiten!

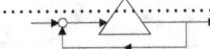

23) der Ausweg: System-Änderungen : Vorschläge IV

Wir Menschen werden immer bestrebt sein zu sparen, für schlechte Zeiten, zukünftige Ausgaben, oder einfach um uns freier zu fühlen. Es macht wenig Sinn, dagegen anzugehen.

Nehmen wir an, wir würden also 10% unseres Einkommens sparen. Jeden Monat!

Das nimmt 10% des Geldes aus dem Kreislauf heraus. Jeden Monat!

Um die Wirtschaft am Laufen zu halten, muss also ebensoviel Geld-ohne-Schuld eingespeist werden. Jeden Monat!

Wer soll dieses Geld bekommen ?

Die Banken ? Die Regierungen ? Die Staatsbeamten ? Das Erziehungssystem? Financiers ? Aktionäre ? Obligationäre ?

Das System gehört uns allen, also soll auch jeder Bürger der Solidaritäts-Zone (Land, Region, EuroZone) davon profitieren, zu gleichen Teilen.

Wo kommt das Geld her ? Natürlich von der Zentralbank, direkt, ohne Zwischenstationen wo Prozente verschwinden würden.

Eventuell: Jedes Aufhäufen von Spargeldern über (ein ?) Jahresgehalt hinaus wird zur Vermögenssteuer herangezogen, um den Geldkreislauf zu sichern.

Vorschläge:

- Zentralbanken gehören den Bürgern des Landes, in unserem Falle den Bürgern der EuroZone

- die Zentralbank muss lernen, Geld-ohne-Schuld zu generieren (MND)

- nur die Zentralbank hat das Recht, Geld-ohne-Schuld (MND) sowie Geld&Schuld (MD) zu generieren

- Geschäftsbanken leihen nur das Geld aus, welches sie haben, und schaffen selbst keines

- die Zentralbank sorgt für eine adäquate Menge an Geld&Schuld im Bankensystem

- die Zentralbank sorgt für eine adäquate Menge an Geld-ohne-Schuld im Gesamtsystem

dazu:

- generiert die Zentralbank neues Geld-ohne-Schuld (MND); indem sie jedem Bürger einen Betrag von (MND) ausschüttet, welcher abhängig vom BruttoSozialProdukt des Landes die reale wirtschaftliche Aktivität reflektiert und eventuell unterstützt, oder etwas Kompensation zwischen den Ländern erlaubt

- das Finanzministerium stellt sicher, dass genügend Geld im realen Wirtschafts-Kreislauf bleibt, und

- das Finanzministerium besteuert die Finanz-Wolke mit der nötigen Strenge, und führt sie auf eine tragbare Grösse im Vergleich zu GDP und M3 zurück

- das Finanzministerium stellt sicher, dass Ausgaben und Einnahmen sich die Waage halten

- kein Geldverleih zwischen den Banken, um Betrug (Libor, Euribor) sowie Domino-Effekte zu verhindern

- Vermeidung von parallelen Finanz-Welten und Spekulationsblasen auf der Basis von zurückgezahlten Staatsschulden ....

- alle hochrentablen Monopole zerschlagen, um neue Wolkenbildung mit den Monopol-Gewinnen zu vermeiden

die Party hat nun lang genug gedauert !

man befolge den Rat von Ludwig Erhard:

Produktivitäts-Fortschritte müssen mit Kunden und Mitarbeitern geteilt, und nicht allein auf Profite konzentriert werden!

Ludwig Erhard war der einzige Volkswirtschaftler, der ein richtiges Wunder vollbracht hat, und mutig genug war, im Interesse der sozialen Marktwirtschaft den Spezial-Interessen die Stirn zu bieten.
Damit hat er ganz Deutschland aus der Armut herausgezogen, und jedem Deutschen eine Arbeit "gegeben".

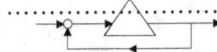

Dazu täte in der jetzigen Lage Europas etwas Industrie- und Wirtschafts-Politik gut:

- die Leute in den schwächeren EuroZonen-Ländern müssen wir wieder in Lohn und Brot bringen, indem wir Fabriken nach Spanien, Portugal, Griechenland etc exportieren

- anstatt die Fabriken nach China zu exportieren

- anstatt Arbeiter aus diesen Ländern nach Nord-Europa zu importieren, und die Fabriken dort zu vergrössern

24)   Schulden und Zinsen

Leute mit Geld werden immer der Versuchung erliegen, Leute ohne Geld zu versklaven, mit Genuss. Genauso tun es die Dealer, welche ihre Drogenabhängigen immer bei der Stange halten werden, um alles Geld und Vermögen aus ihnen heraus zu pressen.

Tennessee Ernie Ford hat es in "sixteen tons" so gesehen:
> "Another day older and deeper in debt
> St Peter don't you call me 'cause I can't go
> I owe my soul to the company store"

auf deutsch:
> „wieder einen Tag älter und noch tiefer in der Kreide
> St Peter ruf mich nicht, ich kann nicht geh'n
> dem Fabrikladen hab ich meine Seele verpfändet"

Das wird alles noch interessanter, wenn Zinsen dazu kommen, vor allem weil (unbezahlte) Zinsen die mathematische Tendenz haben, exponentiell ausser Kontrolle zu geraten.

Sylvio Gesell vor 100 Jahren, und Professor Bernd Senf in diesen Tagen haben darauf bestanden, dass Zinsen die Totengräber jedes Systems sind, welches sie benützt.

Im Wissen um die Probleme, welche daraus entstehen, hatte die katholische Kirche in früheren Zeiten den Geldverleih gegen Zinsen verboten, der Islam tut das heute noch.

Die katholische Kirche hat dann irgendwann ihre Meinung geändert.
Der Islam hat seine Meinung nicht geändert, so dass die islamische Finanz uns jetzt einiges lehren kann.

Ich glaube, dass die Herren Gesell und Senf Recht haben, glaube allerdings auch, dass das Verbot von Zinsen genausoviel Erfolg haben würde wie das Verbot von Alkohol und Drogen, von Prostitution, oder von freier Meinungsäusserung.

Mein Votum wäre also nicht für das Verbot des Zinses, aber für das kontinuierliche Mindern dessen Impaktes:

- durch die Schaffung von mehr Geld-ohne-Schuld (MND) und weniger Geld&Schuld (MD),

- durch das Ersetzen von Geld, welches in der Wolke verschwindet mit frischem Geld-ohne-Schuld (MND),

- durch eine Geldmenge die beständig grösser ist als die Schuldmenge.
      $M3 > D3$!!

Zinsen auf Obligationen sollen nicht fixiert, sondern abhängig vom Unternehmenserfolg sein, und notfalls in Eigenkapital zwangswandelbar, wenn die Dinge wirklich schlecht laufen.

Und Einkommen auf Zinsen muss adäquat besteuert werden.

25)   der Wert des Geldes

Geld in unserer Tasche stellt wahrscheinliche Kaufkraft dar, die noch nicht umgesetzt ist.

Wir denken viel darüber nach, wie wir es ausgeben sollen. Sind wir zu einem Schluss gekommen, oder brauchen etwas gerade jetzt, so geben wir Geld aus.

Wenn wir es ausgegeben haben, ist es weg. Irgendwo sonst. Aber es existiert noch.

Zahlen wir damit der Bank unsere Schulden zurück, so wird es allerdings vernichtet!

Um das Wort "wahrscheinlich" im Satz weiter oben zu eliminieren, haben die Leute zu allen Zeiten darauf bestanden, dass ihr Geld wirklich etwas Wert hätte, und wollten den garantiert haben.

Wir sind am vorläufigen Ende eines weiten Weges durch die Geschichte, wo wir oft sogar Gold und Silber Standards hatten, heute haben wir Papier- (oder eher Computer-) Geld, abgekoppelt von jeglichen konkreten Dingen.

Das ist auch gut so, wir schätzen es eher nicht, wenn auf einmal die Inflation unkontrolliert hochjagt, nur weil gerade jemand eine neue Goldmine am Ende der Welt entdeckt hat. Oder wenn die Deflation ausbricht, weil eine mit Gold beladene Fregatte untergeht, oder weil die US-Zentralbank (Federal Reserve) von Deutschland das ausgeliehene Gold zurückverlangt (wie geschehen in 1929), und damit die Depression verteilt.

Die ausstehende, auch wirklich zirkulierende Geldmenge muss der Grösse der Volkswirtschaft entsprechen, welche sie unterstützen soll. Und nicht der Menge an Gold in irgendwelchen Tresoren.

Der Wert des Geldes ist der Wert, welche wir Bürger darin erkennen, nicht mehr und nicht weniger.

Solang ich mein Bier für 2,5 Euro kaufen kann, glaube ich an den Wert des Euro, und bin damit einverstanden, dass mir auch mein Gehalt in Euro gezahlt wird.

Wenn der Kneipenbesitzer nicht mehr an den Euro glaubt, so kann ich mein Bier nicht mehr damit bezahlen. Dann werde ich den Euro auch nicht mehr als die Währung meines Gehaltes akzeptieren.

Wenn der Kneipenbesitzer morgen glaubt, er müsse 3 Euro für das Bier haben, so kann ich mir eine andere Kneipe aussuchen. Oder nach ein paar mehr davon die Inflation bestätigen, und das bezahlen, was es kostet. Dann werde ich mich um eine Gehaltserhöhung bemühen, da auch ich mittlerweile 20 % meines Vertrauens in unsere Währung eingebüsst habe.

Der Wert des Geldes, oder eher unsere Meinung zu dessen Wert, ist immer durch die Geldmenge definiert, die wir im Umlauf (Geld-Kreislauf) sehen, und durch die Güter und Dienstleistungen, welche wir damit bezahlen können.
Ein zurück zu Gold oder Silber würde kein Problem lösen, uns nur ein paar schlimme mehr verschaffen.

Da die Geldmenge die Grösse der Volkswirtschaft widerspiegeln sollte, mag es wohl weise sein, die zirkulierende Menge jedes Jahr um ein paar % zu erhöhen, um der Wirtschaft die Gelegenheit zu geben, um dieselben paar % zu wachsen. Wenn das BruttoSozialProdukt das denn auch tut, hatten wir Erfolg!
Werden die % aber nur in Inflation umsetzt, so war das Pech, oder es spiegelt sich darin unsere schwache Leistung. Die Wahrheit wird wohl immer irgendwo dazwischen liegen, und das ist auch gut so.
Also lassen wir Finanzminister und Zentralbanker dafür Sorge tragen, die nominell zirkulierende Geldmenge in dem Rhythmus wachsen zu lassen, wie das GDP auch wachsen soll, dann überlassen wir es der Wirtschaft, daraus das beste zu machen.

26)   die Geldmenge, und deren Zirkulation

Zu jedem gegebenen Zeitpunkt ist die zirkulierende Geldmenge was immer sie ist.
Ist sie relativ stabil, und ihre Umlaufgeschwindigkeit soweit auch, dann haben Leute und Unternehmen Zeit, sich den jeweiligen Änderungen anzupassen. Das tun sie meistens auch.

Interessanter wird es, wenn die zirkulierende Geldmenge sich ändert, oder deren Umlauf-Geschwindigkeit, oder beides.

Wenn an einem Tag viele Sparer sich dazu entscheiden, mehr von ihrem Geld auszugeben, so wird das dem Kreislauf viel Geld zurückführen, und ein Mehr an Nachfrage schaffen:
- trifft diese neue Nachfrage auf knappe Ressourcen und Güter, werden die Preise raufgehen
- trifft sie auf unterbeschäftigte Kapazitäten, so wird das reale BruttoSozialProdukt raufgehen, zum Wohle aller, bei stabilen Preisen
- trifft sie auf gut genutzte Kapazität, werden die Preise raufgehen, bis die Kapazität erweitert wird, durch mehr Investment oder durch mehr Arbeitskräfte, zum Wohle aller

Ändert die Nachfrage zu abrupt, wie z.B. bei einem grossen Zufluss oder Abfluss von ausländischem Kapital, werden die Preise sich viel schneller ändern, als dass sonst irgend etwas Zeit hätte, sich darauf einzustellen. Der Vorgang wird mit Inflation oder Deflation Chaos in der realen Wirtschaft stiften, und/oder Chaos auf dem Devisenmarkt.
Auf diese Weise kann die Industrie eines Landes von einem Tag auf den anderen aus dem Markt und aus den Traktanden geworfen werden. In diesem Falle braucht es Kapitalkontrollen an den Grenzen der Wirtschafts- oder Währungs-Zone, und/oder dezidierte Interventionen am Devisenmarkt.

Im Angesicht der allgemeinen Flucht aus Euro und Dollar spielt die Schweiz seit Mitte 2012 am Klavier des Devisenmarktes, um ihre Export-Industrie zu schützen.
Malaysien hat seine Volkswirtschaft vor der Asien-Krise geschützt, indem es schnell Kapitalkontrollen wieder eingeführt hat, entgegen den vielfältigen Ratschlägen von IWF und anderen. Der damalige Premier-Minister und Gründer des modernen Malaysiens sah wie ausländische Geldverleiher alle seine Nachbarn in die Krise stürzten, indem sie von einem Tag auf den anderen deren Kredite nicht mehr erneuern wollten. Er hat diese Finanz-Probleme dadurch vermieden, indem er die Grenzen für das Kapital schloss, das Geld drinnen hielt, bis die Dinge sich beruhigt hatten.
Niemand kam zu Schaden. Malaysien konnte sich weiter entwickeln.
Die Gläubiger hatten am Ende wenig Ursache, sich zu beklagen.

Wenn das alles innerhalb derselben Wirtschafts-Zone vor sich geht, können sogar interne Kapitalkontrollen notwendig sein, um die Wirtschaft lokal zu stabilisieren.

Niemandem sollte es erlaubt sein, das Boot so stark zu schaukeln, dass es umkippt, und sinkt. Jede Kraft, die gross genug ist, das fertig zu bringen, muss erkannt, benannt, verantwortlich gemacht, zurückgehalten, neutralisiert, vielleicht sogar zerschlagen werden. Diese Aussage gilt besonders für Akteure der globalen Finanz-Wolke, welche grösser ist als alles in der Real-Wirtschaft zirkulierendes Geld, und deshalb so diszipliniert werden muss, dass es kein Desaster mehr anstellen kann.

Entscheiden sich an einem anderen Tag Leute und Unternehmen, weniger auszugeben und mehr zu sparen, so wird die fallende Nachfrage zu folgendem führen:

- wo es auf bisher knappe Ressourcen trifft:
  werden die Preise sinken (was sogar positiv sein mag …)

- wo es auf bisher gut ausgelastete Kapazität trifft:
  unterbeschäftigte Kapazitäten, dann Entlassungen, weniger Einkommen der Mitarbeiter, Gefahr bei den Hypothekenschulden, kleinere Unternehmens-Erlöse und -Gewinne, Gefahr bei ihren Obligationen, weniger Steueraufkommen, Gefahr beim Staatshaushalt und den Staatsobligationen

- wo es auf bisher expandierende Kapazitäten trifft:
  stornierte Investitionen, dann Entlassungen in der Ausrüstungs-Industrie, mit ähnlichen Folge-Schäden wie in den Zeilen zuvor

Nach den mathematischen Prinzipien der Volkswirtschaft sollten alle Preise und Löhne in dieser Situation schnell sinken, um der fehlenden nominellen Nachfrage entgegen zu kommen, die reale Nachfrage auf den vorherigen Stand zurückzubringen, und die reale Aktivität stabil zu halten.
Aber dieser Prozess wurde kaum einmal beobachtet, die meisten Preise und Löhne fallen nicht gerne, wenn überhaupt.

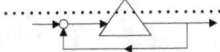

Zum Beispiel hier ein paar zähe davon:
- nominelle (und reale) Gehälter und Löhne
- Hypotheken
- Zinsen auf privaten Schulden
- Zinsen auf alten Krediten
- Mieten

dazu kommt:
- Privat-Leute und Unternehmen werden versuchen, ihre Schulden zurück zu zahlen, und damit noch mehr Geld aus dem Kreislauf nehmen
- die Banken bekommen es mit der Angst zu tun, leihen kaum noch Geld aus, und ersetzen das zurück-gezahlte Geld nicht

Irving Fisher stellt fest, dass im Falle, wo immer mehr Geld dem Kreislauf entzogen wird, jeder übriggebliebene Dollar mehr Wert ist als jemals zuvor. Sein Wert steigt um so schneller, je schneller Schulden zurückbezahlt werden. Das wiederum erhöht den Wert und die Last der übrigen Schulden, ein untragbarer Vorgang, welcher für alle im Desaster endet.

Solche Situationen geraten gerne ausser Kontrolle, Herr Fisher vergleicht das System mit einem Boot in Schieflage, welches sich nicht mehr aufrichten kann, und umkippt.

Solche Situationen müssen aber nicht unbedingt ausser Kontrolle geraten, das Finanz-System (Zentralbank, Finanz-Minister) hat die moralische Pflicht, ernste Probleme zu vermeiden, das Boot wieder aufzurichten, den Geldkreislauf am Leben zu halten, und ihn in einen stabilen Zustand (langsam aufwärts) zu bringen.

Wie sollen sie das tun ?

27) zukünftige Krisen meistern

Zuallererst, und vor allem, **prozyklische Aktionen vermeiden**, wie z.B. inmitten einer Krise

- Staatsausgaben verringern
- Zinsen erhöhen
- von den Geschäftsbanken höhere Reserve/Eigenkapital - Quoten verlangen
- Konsum- oder Einkommens - Steuern heraufsetzen

John Maynard Keynes war in solchen Fällen für Staatsdefizite.
Das hat den Vorteil, den Geldkreislauf zu stützen, aber den Nachteil der steigenden Staatsschulden, die heute fast überall mehr als hoch genug sind.
Ob die Regierung das Geld sinnvoll ausgibt, soll nicht das Thema dieses Kapitels sein, ist aber ein Thema der politischen Diskussion und der administrativen Effizienz.

Zweitens wäre ich für folgendes:

- die Staatsausgaben konstant zu halten (nicht ausweiten, ausser für Arbeitslosengelder)

- Zinsen runter, aber nicht auf null

- Reserve/Eigenkapital-Anforderungen stabil halten

- Steuern auf Konsum und Einkommen stabil halten

- höhere Steuern auf Finanz-Wolken: Vermögen, Ersparnisse, Finanz-Transaktionen, Dividenden, Obligationen etc

- **Zentralbank gibt frisches Geld-ohne-Schuld (MND) aus, direkt an die Bürger**

Das alles um die Nachfrage zu stabilisieren, ohne die Staatsschuld zu erhöhen, und ohne die Finanz-Wolke gleich wieder zu mästen,
und:
- die Zahlungsbilanz ins Gleichgewicht bringen,
um sicher zu sein, dass das zuhause geschaffene Geld grossenteils dann auch dort zirkuliert

Dieser letzte Punkt ist vielleicht nicht so einfach umzusetzen, mag sich gegen die Thesen und Dogmen der Europäischen Union und der Globalisierung richten, und braucht eventuell eine andere Diskussion.

Es ist einfacher, wenn man noch eine eigene Währung hat, welche fluktuieren darf, und wenn man damit Differenzen ausbügeln kann.

28) Politik

Ziel von Politik und Wirtschaft sollte sein, uns allen ein freies und anständiges Leben zu erlauben.
Ob das von uns allen oder von den meisten so erreicht werden kann steht auf einem anderen Blatt, aber das System worin wir leben sollte nicht absichtlich dabei im Wege stehen.

Es ist interessant zu sehen, wie wir uns alle an den Wohltaten der wirtschaftlichen Liberalisierung und Aktivität erfreuen, aber trotzdem deren rauhe Seite nicht akzeptieren wollen, wenn es konkret um die Ausbeutung von Arbeitern oder Umwelt geht, um Arbeitslosigkeit, um Elend für die meisten gekoppelt mit Reichtum für die wenigen, usw.
Marx & Engels, Gewerkschaften, Sozialismus, Kommunismus, Sozial-Demokratie haben alle probiert, die schrägen Auswüchse des Liberalismus zu bändigen, und dabei oft neue und zum Teil noch schlimmere Probleme geschaffen. Sogar der National-Sozialismus konnte sich erst auf dem sozialen Nährboden der grossen Depression so richtig entfalten, und auf der "liberalen" Methode ihrer Bekämpfung.

Diverse Siege in heissen oder kalten Kriegen über die sekundären Probleme haben nur diese besiegt, aber nicht das ursprüngliche Problem, um das zu lösen sie alle angetreten waren, oder dies zumindest vorgaben.
Das Problem blieb bestehen, nun liegt es an uns, es zu lösen, oder es zumindest auf eine dezente Weise zu managen, solange wir in der Verantwortung stehen.

Wenn das Ziel ein anständiges Leben für uns alle ist, ein eventuell besseres für Leistungsträger, und ein Luxus-Leben für die paar Überflieger, dann schlägt der Ingenieur ein paar Indikatoren vor, um die Effizienz des Systems zu beurteilen:

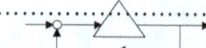

....

- man bewerte den Erfolg der lokalen Luxusgüter-Branche, und
- zähle gleichzeitig die Anzahl der Bettler auf der Strasse.

Man kann natürlich ohne grosse Mühe andere und bessere Parameter definieren, um den gleichen Zweck zu erreichen.

Wenn Luxus und Bettler gleichzeitig hoch gehen, dann ist es an der Zeit, etwas zu tun:

auf der einen Seite bei den Themen
      hoch-profitable Kartelle, Monopole, Steuern

sowie andererseits bei den Themen
      lokale Wertschöpfung, Lohn- und Gehalts-Niveau, Ausbildung,
      Verteilen von Geld-ohne-Schuld

Ist das Ziel aber ein schönes Leben für die, welche schon ein schönes Leben und/oder gute Verbindungen haben, dann sind "liberale" Prinzipien gerade richtig, das Geld wird über kurz oder lang in die Taschen von ein paar wenigen fliessen, Elend und Schulden zu den vielen hin.

Nachdem das geschrieben und gelesen, lasst uns mal sehen, was wir innerhalb der letzten Generation denn so getan haben, und über unsere nächsten Schritte nachdenken.

29) Politische Parteien

Nach vielen Jahrzehnten der Beobachtung ist der Autor zum Schluss gekommen, dass es bei den politischen Parteien, welche über das Konzept des "starken Mannes" hinweggekommen sind und eher rationales Ideengut vertreten, vier Typologien gibt:

a) Eine Idee ist es, dafür zu sorgen, dass es den Leuten, denen es heute gut geht, auch morgen noch gut gehen wird. Das ist der konservative Teil des politischen Spektrums (rechts). Das wäre eventuell "ok ?", wenn es jedem ziemlich gut ginge, das aber ist selten der Fall. Beispiele dafür sind die Konservativen in Grossbritannien (Tories), die Republikaner in den USA, Berlusconi's Forza Italia, und aufeinanderfolgende gaullistische Parteien in Frankreich.

b) Das Ziel einer anderen Partei mag sein, dass es den tüchtigen Leuten gut geht, ein Themen-Feld, welches an und für sich nach liberalen Parteien ruft. Da wären zu nennen die Freien Demokraten in Deutschland (FDP), die Demokratische Partei in Luxemburg, die Lib-Dem's in Grossbritannien. Diese Parteien sind kaum einmal sehr stark geworden, da auch gut verdienende Leute einsehen, dass es eventuell nicht immer so gut gehen könnte, und sie vielleicht doch irgendwann fremde Hilfe bräuchten.

c) Die dritte Art von Partei strebt danach, dass es allen einigermassen gut geht, oder zumindest alle dazu eine faire Chance bekommen. Das sind natürlich die sozialistischen und sozial-demokratischen Parteien in Europa, und die Demokraten in den USA.

d) Der vierte Typ von Partei will die Umwelt erhalten, und das gilt für alle grünen Parteien in Europa.

Im Bestreben, mehr Stimmen zu bekommen, geht oft mal eine Partei über ihr angestammtes Revier hinaus und wildert in den Ideen der anderen, so dass es mitunter nicht mehr leichtfällt, sie auseinander zu halten.

Viele Parteien sind an eine Religion gekoppelt, in Europa hauptsächlich die Christdemokraten. Ausgehend von einer konservativen Basis, mit dem Bestreben, die Dinge wie sie sind und unter Kontrolle zu halten, gehen sie gegen die schlimmste Armut mit karitativer Arbeit vor.

Meine Missbilligung richtet sich an die Organisationen, welche das Wohlergehen der Wohlhabenden zum Ziele haben, und unterdessen die übrigen im Elend niederhalten.

30)   Religionen

Religionen verbinden Leute und eventuell Institutionen, sie bieten ein gemeinsames Werte-System, ein System von Tun und Lassen, von Pflichten und gelegentlich auch von Rechten.

Wichtige Aspekte sind ihre Toleranz gegenüber anderen Religionen, und gegenüber denen, welche die Religions-Gemeinschaft verlassen wollen. In diesen Tagen sieht der Islam dabei nicht gut aus.

Ein anderer wichtiger Aspekt ist ob man von dem Prinzip ausgeht, dass wir alle gleich sind, oder ob manche gleicher sind, wie in George Orwells " Animal Farm ". Da sehen die Hindus nicht gut aus.

Predigt die Religion gerne auch mal Gewalt, oder verspricht sie sogar ein weit besseres Leben nach dem Tode, wenn du hier und heute den „gerechten" Krieg führst? Da sieht es noch nach viel Ärger mit dem Islam aus.

Die allgemeine Menschenrechts-Erklärung hat erst mal einen guten Standard gesetzt für unsere individuellen Rechte, aber sie wurde nicht durch einen Satz Pflichten ergänzt. Sie ersetzt also die Religionen nicht, sondern überlässt ihnen ein grosses Feld.

Das Leben nach dem Tode soll hier nicht diskutiert werden, aber es ist immer interessant zu sehen, welches Benehmen sich aus der einen oder anderen Religion ableitet, und welche wirtschaftlichen Konsequenzen sich daraus ergeben.

Betet man zu Gott, so tut das der Seele gut, und man kann sich auf ein Thema konzentrieren. Auf Götter und Heilige kann man sich aber nicht verlassen, wenn es darum geht, den Fluss der Ereignisse in unserem Sinne zurecht zu biegen.

Von all den Göttern, zu denen wir im Verlaufe der Geschichte gebetet haben, war wohl die Sonne am zuverlässigsten, sie kommt jeden Tag wieder, wärmt uns auf, spendet uns Energie, macht den Unterschied.

Von all den Heiligen der Katholischen Kirche ist St Nikolaus wohl der Nützlichste und Zuverlässigste, er kommt einmal im Jahr und macht uns wirklich viel Freude. Das bedeutet, dass die meisten von uns sich auf ihre Eltern verlassen können, und dass wir als Eltern auch verlässlich sind. Aber wiederum: man verlasse sich nicht auf Götter und Heilige, um unsere Ziele zu erreichen, das ist und bleibt unsere eigene Aufgabe.

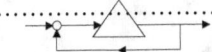

Der Autor sieht "göttliches" Benehmen in uns allen, wenn wir etwas Gutes tun, und Gott als die Summe allen Gutes. Dem gegenüber steht der Teufel für die Summe allen Schlechtes, was wir tun.

Die protestantische Arbeits-Ethik hat einen grossen Unterschied in der Welt gemacht, sie hat den Wert harter Arbeit etabliert und geehrt, und respektiert deren Resultate.

Das steht in scharfem Kontrast zur Gering-Schätzung der Arbeit im alten Griechenland, zur Meditation im Buddhismus, zum gewalttätigen Teil des Islams, zum Hindu-Kasten-System, zum katholischen Respekt gegenüber weltlichen und geistigen Hierarchien, zur Tendenz bei Konfuzius, die Älteren zu ehren (und ihnen zu gehorchen)

Religionen, welche die weltlichen Mächte nicht herausfordern, können sich mitunter lange halten, und das jeweilige Regime sehr gut dabei ergänzen, das Volk unter Kontrolle zu halten. Historisch gesehen, gab es dann richtig Probleme, wenn das Regime die Priester verfolgte, aber weitaus weniger, wenn es auf das Volk losging.

Die meisten Religionen bieten vernünftige Werte-Systeme, welche oft auf heiligen Büchern basieren. Aber sie verschaffen ihren Priestern auch signifikante Macht, indem sie ihnen die Interpretations-Hoheit der Heiligen Schriften übertragen.

Diese Macht wird regelmässig missbraucht, und das seit Jahrtausenden.

Martin Luther hat die Bibel auf deutsch übersetzt, so dass das "gemeine Volk" sie auch selbst lesen konnte. Damit hat er das Interpretations-Monopol der Katholischen Kirche gebrochen.

Der Autor schätzt die heiligen Bücher, bis zu einem gewissen Punkt. Er ist aber wachsam gegenüber Leuten, welche mit dem Buch unter dem Arm herumgehen, und behaupten sie allein könnten das Buch korrekt interpretieren, und wir müssten ihnen deshalb gehorchen.

Da sie sich immer auf uralte Texte beziehen, welche uns für alle Zeiten regieren sollen, tendieren sie allemal dazu, alles Neue oder Andere zu unterbinden, welches nicht in ihre Machtstruktur passt.

Dank solchen Zuständen ist unsere Welt in vielen Ecken noch ziemlich platt.

31)   Südeuropäische Länder: etwas für Manager

Obwohl die meisten von ihnen in der monetären und finanziellen Arena lamentabel gescheitert sind: wenn es um administrative Disziplin geht, sehen die Länder des europäischen Nordens besser aus als die Länder und Regionen des Südens, wo es mit der Qualität der Regierungskunst mitunter nicht sehr weit her ist.

Allzuoft wollen Einzelpersonen von einer Verwaltung bevorteilt werden, anstatt dass dem Gemeinwohl gedient wird.
Allzuoft dienen die Politiker als "Arbeits-Beschaffer", als Kredit-Paten für dubiose Arbeits-Beschaffungs-Massnahmen, welche eher das Einkommen von diesen oder jenen beflügeln als sinnvolle Arbeit und Investition ermöglichen.
Dies kann eine Volkswirtschaft nur in beschränktem Masse aushalten, ehe sie daran zugrunde geht. Spiele dieser Art gehören unterbunden.

Aber da die mentale Einstellung von Politikern meist auch die ihrer Bürger reflektiert, und damit nicht viel besser oder schlechter ist, müssen die Mentalitäten sich noch stark verändern, und das wird wohl etwas Zeit brauchen.
Das ist eine Führungsaufgabe, welche Zeit, Verständnis, Mitgefühl, eine feste aber gütige Hand, Ausdauer und Durchstehvermögen verlangt, und wahrscheinlich auch Geld.
Viel wird palavert über Nicht-Einmischen und Nicht-Eingreifen in anderen Ländern, aber in jeder grösseren Firma würde der Chef einer schlecht funktionierenden Abteilung ausgewechselt, und von einer erfahrenen Persönlichkeit ohne vorheriger Bindung zu diesem Arbeits-Umfeld ersetzt.
Der Import von langweiligen aber tüchtigen Bürokraten mag ein gutes Geschäftsmodell sein für die politische Zukunft in Ländern, wo Fortschritt bitter nötig ist. Dazu gab es in der Geschichte durchaus gute Beispiele, so war Mazarin wohl der beste von Ludwig XIV' Staats-Ministern, und er kam aus Italien.
Am Ende des Tages ist es keine valable Option, permanent nicht konkurrenzfähig zu sein, wir müssen alle lernen, uns in einer offenen Welt-Wirtschaft zu behaupten.
Wo Abwertungen bisher viele Länder "gerettet" haben, mag die Zentralbank uns jetzt einmal "retten", aber sie kann, soll und wird daraus nicht eine verlässliche Gewohnheit machen.

Wir selbst müssen uns bessern, und wieder auf eigenen Füssen stehen. Und vor allem sollen Regierungen nicht mehr Geld ausgeben, als sie einnehmen. Wenn wir eine Brücke bauen, so lasst uns auch dafür bezahlen, und zwar gleichzeitig mit dem Bau.

Man verstecke sich nicht hinter sogenannten „Goldenen Fiskal-Regeln", welche Schuldenmacherei salonfähig machen.

32)   betriebliche Gewinnspannen

Als leidenschaftliche Geschäftsleute wollen und sollen wir permanent danach streben, unser Produkt besser, attraktiver, innovativer zu machen, und natürlich unsere Gewinnspanne zu erhöhen. Hat einer von uns auf einmal sehr viel Erfolg, speziell beim letzteren Punkt, wird er reich und darf sich eines gut gefüllten Bank-Kontos erfreuen. Er wird vielleicht mehr Geld verdienen als er braucht und will, oder vernünftig ausgeben kann. Wer von uns möchte da nicht dabei sein ?

Sehen wir uns die andere Seite dieser Medaille an:

Welchen Effekt hat es auf die allgemeine Wirtschaft, wenn ich dank meines neuen Super-Produktes, oder meiner neuen Super-Dienstleistung, die ich zu einem (für mich) tollen Preis verkaufen kann, nun richtig reich werde?

Konkurrenz gibt es kaum, oder ihr Produkt ist nicht so "sexy".

Nehmen wir mal an, ich hätte letztes Jahr 1,1 M€ gemacht, nach nur jeweils 0,1 M€ in den Jahren zuvor.

Da ich nicht so richtig weiss, wozu ich das viele Geld ausgeben soll, trage ich 1 M€ zur Bank, die weiss auch nichts damit anzufangen, so dass das Geld erst mal dort ruht.

Wenn das durchschnittliche Gehalt 50'000 € / Jahr ist, habe ich damit 1'000'000 / 50'000 = 20 Arbeitsplätze aus der Wirtschaft herausgenommen. Fast zwei pro Monat.

Pech für die andern, was soll's mich kümmern, ich hab meine Million, und in den nächsten Jahren kommen noch welche hinzu.

Bei einer Million hält sich der Effekt noch in Grenzen, aber wie steht's bei einer Milliarde (1 B€) ? Dann verlieren 20'000 Leute ihre Arbeit!

Nehmen wir mal an, in den USA läge das Durchschnitts-Gehalt bei 50'000 $.

Man liest, dass Apple, die meist-bewunderte Firma unserer Tage, schon gegen Anfang 2012 auf einem Geldspeicher mit 100 Milliarden \$ (100 B\$) sass, Tendenz schnell wachsend.

Solange die Firma mit dem vielen Geld nichts Gescheites tut, hat Apple alleine also $100 \times 10^9 / 50 \times 10^3 = 2 \times 10^6 = 2$ Millionen Leute arbeitslos gemacht. Während einem Jahr.

Und weiter geht's in diese Richtung jedesmal, wenn sie ein Produkt verkauft mit der schönen Marge, welche wir Geschäftsleute alle bewundern. Der Preis reflektiert sich ja nicht in viel Arbeit, sondern in viel Profit.

Diese Runde im Geldkreislauf läuft also nicht im Sinne des Arbeitsmarktes.

Nun, solange Apple auf seinem Geld sitzt, und es nicht in den Kreislauf zurückbringt, wird die nächste Runde überhaupt nicht stattfinden, oder vielleicht erst in ein paar Jahren. Oder das Geld steigt in die Finanz-Wolke auf und trägt zur nächsten spekulativen Blase bei.

Es ist also kein Zufall, wenn heutzutage die amerikanischen Firmen das Geld ihrer Gewinne in einem kaum zuvor gesehenen Ausmass ansammeln und horten, und gleichzeitig der Arbeitsmarkt nicht von der Stelle kommt.

Merkwürdigerweise sehen sich die Analysten jeden Tag, jede Woche, jeden Monat die Daten des Arbeitsmarktes an, und gleichzeitig die Börsen.

Was ich dabei nicht verstehe, ist, dass die Börse runtergeht, wenn die Lage am Arbeitsmarkt sich verschlechtert. Laut den Zeilen weiter oben wird der Arbeitsmarkt schlechter, weil die Profite steigen.

Oder sehen vielleicht doch schon ein paar Analysten ein, dass mit all den Leuten, die keine Güter mehr kaufen können, die Gewinne auch bald verschwinden ?

Schliesst sich der real existierende Regelkreis etwa doch in dem Sinne, dass eine Verarmung der potentiellen Kunden die Wirtschaft nach unten zieht?

Der Regelkreis ist prozyklisch, und kann positive und negative Spiralen auslösen. Wenn die Dinge also schlechter werden, und man alles sich selbst überlässt, so werden sie dann richtig schlecht. Verbessert sich die Lage, mit mehr Leuten in anständig bezahlten Jobs, dann werden die Kurven bald nach oben schnellen.

Eine Zähmung der Margen wird also die Umlaufgeschwindigkeit des Geldes erhöhen, sowie seine Wirksamkeit bei der Arbeitsbeschaffung.

Jedes Mal, wenn irgendwo die Margen steigen, ist das logische Resultat mehr Arbeitslosigkeit.

Gibt es mehr Konkurrenz, und die Margen fallen, so läuft es besser am Arbeitsmarkt.

Wenn das Ziel anständige Jobs und Einkommen sind, so lasst uns dafür sorgen, dass es in allen Märkten ausreichend Konkurrenz gibt, dass Margen, Gewinne, Arbeitsverluste wegen Mangel an Geld-Zirkulation automatisch limitiert bleiben. Ein herzliches Willkommen an die "Trustbusters", die Konkurrenz- Wächter und - Erzwinger.

Ist das Ziel hingegen, meine hart erkämpfte Marge zu halten, meine Millionen und Milliarden zu verdienen, solange der Markt sie hergibt, im Namen der Freiheit, dann lasst mir gleichzeitig auch die Freiheit, den Arbeitsmarkt zu zerstören. Zur gleichen Zeit, wo ich das tue, kann ich mich auch mit meinen vielen Mitarbeitern brüsten, und darauf hinweisen, dass all diese Jobs in Gefahr sind, wenn meine Firma auf einmal Konkurrenz bekommt, oder von Konkurrenz-Wächtern aufgeteilt wird.

Es kann mir ja egal sein, ob ich andere Leute um ihr Brot bringe, indem ich mein Geld nicht in den Kreislauf zurückbringe und es Arbeit bezahlen lasse. Niemand kennt diese Leute, sie sind anonym, füllen die Arbeitsämter rund um die Welt, aber haben keine Lobby.

Ich aber kann mir eine wirksame Lobby leisten, und hab auch eine.

Konkurrenz-Wächter und Monopol-Zerstörer müssen die Interessen des Gemeinwohles vertreten, und stark sein, da sie gegen die Interessen der etablierten wirtschaftlichen Mächte ankämpfen müssen.

Viel wird darauf gepocht, man müsse die Margen erhöhen um dann mehr Geld fürs Investieren übrig zu haben. Leider braucht eine Firma meistens viel länger, sich für ein Investment zu entscheiden, geschweige denn es umzusetzen, als der Konsument braucht, um das Geld einfach auszugeben. Somit wird der für die Stabilisierung des Arbeitsmarktes wichtige Geldumlauf in der Investitionsschleife stark abgebremst. Da Zeiten hoher Arbeitslosigkeit auch nicht gerade zum Investieren verleiten, vergrössert sich das Problem von selbst.

Darüber hinaus ist entscheidend, dass nur ein Bruchteil des zusätzlichen Gewinnes wirklich in neue Produkte, Dienstleistungen, Fähigkeiten, Fabriken, Kapazität, Qualität und dergleichen investiert wird, das meiste scheint Richtung Finanz-Wolke zu entschwinden.

Einiges davon wird auch in höhere Produktivität investiert, um höhere Margen und weniger Arbeit zu ermöglichen, zumindest bis sich die Preise unter Konkurrenzdruck angepasst haben.

33)   Produktivität

Auch wenn es nicht immer danach aussieht, gibt es doch immer wieder Fortschritte bei unseren Fähigkeiten, Wissen, Arbeitsmethoden usw, die meisten von uns werden die meiste Zeit besser und schneller bei der Arbeit. Das fördert Qualität und Produktivität.

Innerhalb einer Firma heisst verbesserte Produktivität:

    a) viel mehr Einkommen mit mehr Ausgaben, wenn die Geschäfte richtig gut laufen

    b) mehr Einkommen bei gleichen Ausgaben, wenn das Geschäft läuft

oder

    c) das gleiche Einkommen bei niedrigeren Ausgaben, wenn das Geschäft stagniert

oder

    d) weniger Einkommen bei noch weniger Ausgaben, wenn das Geschäft an Boden verliert

Die Ausgaben stehen hier ab und zu für Maschinenkosten, meistens aber für Arbeits-"Kosten", die Kosten unserer Belegschaft.

Während
(a) und (b) die schöne Situation beschreiben, wenn das Geschäft gut läuft, und unsere Gewinne noch schneller wachsen; wenn wir froh sind, unsere Belegschaft halten oder sogar ausbauen zu können, und sie gut bezahlen; wenn unsere Marge steigt, da weniger von unserem Verkaufspreis durch reale, bezahlte Arbeit gedeckt wird.
bei

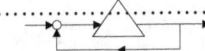

(c) ist die Lage ganz anders, hier müssen wir einen Teil unserer Belegschaft entlassen, um die Früchte der Fortschritte zu ernten, die Geschäfte wachsen weniger schnell als unsere Produktivität.

(d) ist noch schlimmer, wir stecken in der Rezession, und wir bauen die Belegschaft noch schneller ab, als unsere Einkommen sinken.

(c) und (d) gleichen sich sehr, wir erlauben uns höhere Margen indem wir die Belegschaft schneller reduzieren als das Einkommen, wieder ist unser Verkaufspreis durch weniger Arbeit gedeckt als vorher.

Ist die Konkurrenz stark, wird es nicht lange gehen mit der besseren Marge, und wir gleiten auf ein niedrigeres Niveau zurück.
Wir werden dann nicht die früheren Mitarbeiter wieder einstellen, aber wir haben das Extra-Geld befreit, mit dem unsere Kunden zusätzlich zu unserem Produkt mehr vom gleichen oder von einem anderen Produkt kaufen können, dabei die Nachfrage und deren Umwandlung in Arbeit hochhalten.

Ist die Konkurrenz kein grosses Problem, so werden wir zum Wohle der Firma an den hohen Margen festhalten, aber es sei denn wir geben das extra Geld recht schnell für Konsum, Investment oder höhere Gehälter aus, werden wir diesen Monat Arbeitsplätze vernichten, indem wir deren Nachfrage eliminiert haben.
Damit haben wir die Schlange vor dem Arbeitsamt verlängert.
Herrscht dagegen Vollbeschäftigung, so haben wir damit Arbeitskräfte freigesetzt, welche woanders besser angestellt wären, und diesen anderen Arbeitsplatz auch schnell finden werden.
Meine Meinung ist, dass es keinen makro-ökonomischen Sinn macht, auf Produktivität zu setzen und Leute zu entlassen, solang wir keine Vollbeschäftigung haben.
Am besten, wir erarbeiten uns zuerst die Vollbeschäftigung, und machen erst dann auf Produktivität.

34)   Wachstum & Umwelt

Viel wurde schon geschrieben über die Grenzen des Wachstums, angefangen hat der "Club of Rome" im Jahre 1972. Wenn mehr wirtschaftliche Aktivität automatisch den Verbrauch von mehr natürlichen Ressourcen bedeutet, mehr Umweltverschmutzung, mehr nukleare Risiken usw., dann kann Wachstum nicht ewig weitergehen.

Aber es muss ja nicht gerade so sein:

Wachstum kann definiert werden als die % Erhöhung des BruttoSozialProduktes, also der Summe unserer Gehälter.

Wachstum ist also der %-Satz, um den die Summe unserer Gehälter gestiegen ist, und da gibt es keinen direkten Link zu natürlichen Ressourcen

Die einzige Ressource, da dabei eventuell mehr genutzt wird, ist unsere eigene Zeit und Anstrengung, wobei die Leistung intellektueller, oder manueller Natur sein kann

So dass die Dienstleistungs- und Wissens-Gesellschaft, der wir entgegenstreben, gar nicht so schwer auf der Umwelt lasten muss, selbst wenn die ganze Weltbevölkerung einmal einer bezahlten Arbeit nachgehen sollte.

Die andere Seite dieser hoffnungsfrohen Medaille ist, dass Aktivitäten mit klarer Verbindung zu natürlichen Ressourcen überwacht gehören, und auf die knappen Ressourcen gehören adäquate Steuern oder scharfe Beschränkungen, bevor es zu spät ist.

35)   Gewerkschaften

Selbst wenn die meisten Unternehmen das nicht so sehen ist es wohl gut für jedes Management, einen Gesprächspartner zu haben, wenn es um die Qualität der Arbeitsstelle und der Arbeit geht. Der Betriebsrat sollte in freier, geheimer Abstimmung innerhalb der Firma, oder der Fabrik gewählt werden.

Nicht erlauben sollte man hingegen, dass die Gewerkschaft sich in eine Position manövriert, aus der heraus sie die Firma erpressen und die Bettdecke zu sehr an sich ziehen kann. Gewerkschaften sollen Führungs-Partner sein, keine Monopolisten. In den USA wurden bisher nicht nur Firmen im Namen der Konkurrenz aufgebrochen, sondern auch schon Gewerkschaften.

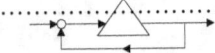

Die Franzosen haben zwei schöne Wörter, welche das bisher von Gewerkschaften erstrittene als "droit acquis" bezeichnen, auf deutsch sind sie eher ungeschickt mit "erworbenen Rechten" zu übersetzen. Es bedeutet, dass was auch immer wir an sozialen und garantierten Rechten früher erworben haben, auf immer und ewig unser sein wird, oder soll.

Nun ist es leider so, dass ein erstrittenes Sozial-Recht auch immer ein garantiertes ökonomisches Recht ist, aber gerade das kann es ja nicht geben.

Auf französisch: « un acquis social est toujours un acquis économique, mais un acquis économique n'existe pas ».

Wirtschaftlicher Erfolg heute garantiert nicht das Gleiche für morgen, weit gefehlt, auf dieser Grundlage abgeschlossene Arbeits- (oder andere) -Verträge können de facto nicht garantiert werden.

Wer also seine erstrittenen Rechte behalten will, dem ist zu raten, eine positive Entwicklung von Firma oder wirtschaftlichem Umfeld tatkräftig zu unterstützen, damit die Arbeit viele Früchte trägt, und deren grosszügige Verteilung ermöglicht wird. Das mag gelegentlich auch bedeuten, auf den einen oder anderen Vorteil zu verzichten, und mit der Firma statt gegen sie in den Kampf zu ziehen.

Das Unternehmen selbst tut gut daran, diese Art von Unterstützung sehr zu schätzen.

Die Indexierung von Gehältern ist ein beliebtes Thema. In einer gut ausgelasteten Wirtschaft wird daraus schnell Inflation, da höhere Saläre schnell in höhere Preise umgesetzt werden. Ist die Konkurrenz stark, und sind die Kunden wählerisch, so mögen die Preise vielleicht doch stabil bleiben, dann bei sinkenden Margen. Erinnert man sich an die Diskussion zum Thema Margen, so folgert man, dass dabei Arbeit geschaffen wird, sobald das extra Geld von den Mitarbeitern ausgegeben wird.

Es sei denn, die Firma könne die Reduzierung der Margen nicht absorbieren, da sie übers Jahr die Produktivität nicht erhöhen konnte. Dann steht Unheil vor der Tür.

Es ist wohl am besten, Löhne und Gehälter werden auf lokaler Firmen-Ebene verhandelt, und den Verbraucher-Index sieht man dazu als wichtige Information an. Genauso wichtig ist die Finanzlage der Firma, sie und deren Ausblick muss auf ehrliche Art mit dem Betriebsrat besprochen werden.

Beim Thema Ehrlichkeit in diesem Kontext braucht es allerorten noch breit abgestützten Fortschritt.

Nach Ludwig Erhard sollten sich Lohnerhöhungen stark nach den im Laufe des Jahres erzielten Produktivitäts-Fortschritten richten, in nominalen Geld-Werten inklusive Inflation.

Kann die Firma es sich nicht leisten, dieses Jahr etwas mehr zu zahlen, so kann man das entweder als Schicksal betrachten, oder durch härtere Arbeit im nächsten Jahr mehr Erfolg für die Firma erwirtschaften, oder sich nach einem anderen Arbeitgeber umsehen.

Hapert es mit der Ehrlichkeit gegenüber dem Betriebsrat, so sollte man das Thema eine oder mehr Stufen höher tragen, (sofern es diese gibt), es allgemein bekannt machen, und notfalls das Management aus seinen Büros streiken.

Sieht man das Management als schlecht an, und die gesamte Firma leidet darunter, so kann man den Job wechseln, oder das Thema wieder ein paar Stufen höher tragen, oder mit der Gewerkschaft genügend Aktien kaufen um sich in den Verwaltungsrat wählen zu lassen. Dann kann man die Dinge verbessern. Ist man aber soweit gekommen, so mag man selbst der nächste schlechte Manager sein...

36)   Steuern

Wir erfreuen uns an allem, was der Staat Gutes für uns tut, und beschweren uns gerne über das, was er schlecht oder gar nicht macht.

Gleichzeitig sorgt unsere asymmetrische Denkweise dafür, dass wir sowenig Steuern zahlen wie nur möglich.

Steuern sind für die meisten von uns der einzige Beitrag zur Arbeit des Staates, überlassen wir das Steuerzahlen den andern so wird das alles zum negativen Summenspiel, und der Staat wird wohl eher weniger tun, als mehr. Auch für uns. Wir sollten uns also zu wieder verantwortlichen Bürgern wandeln, erwachsen werden, und uns gegenseitig dabei helfen.

Recht gut auf dem Gebiet der Steuern ist das Prinzip, dass jeder gemäss seinen Möglichleiten zahlt. Wenn ich mehr Einkommen und/oder Vermögen habe, zahle ich mehr. Niemand soll nichts bezahlen.

Ich bin für einfache Regeln mit kaum Ausnahmen, das Steuergesetz sollte vielleicht zwei oder drei Seiten lang sein, nicht mehr, und seine Umsetzung sollte einfach sein und es nicht nötig machen, ganze Armeen von Buchhaltern und Juristen zu beschäftigen. Es sollten die meisten Steuerabzüge daraus verschwinden, speziell die für Schuldzinsen.

Regierung, Parlament, die Gesellschaft sollten sich auf einen Anteil von x % für Steuern und soziale Sicherheit einigen, und somit das Ausmass des Staates in Vergleich zu den anderen Akteuren definieren.

Gleichzeitig sollten sie die Rolle des Staates definieren, was er mit den Steuergeldern tun soll, und was nicht.

Ändert man dazu seine Meinung alle paar Jahre, so hilft das nicht. Länder mit einem vernünftigen Kompromiss zu diesen Punkten, welche dann auch z.B. eine Generation lang danach leben, sehen besser aus als jene, welche viel Effizienz beim Hin und Her verlieren.

Die USA stellen in diesen Tagen ein leuchtendes negatives Beispiel dar, anstatt sich zusammen zu raufen und eine vernünftige Zukunft aufzubauen, werden die Kräfte damit verpulvert, sich gegenseitig zu bekriegen.

Wenn man sich auf sagen wir mal 40 % Staatsanteil am BruttoSozialProdukt einigt, so ist es am einfachsten, alles auf die gleiche Art zu besteuern.

Wenn man das als sozial ungerecht empfindet, so kann man eine Kurve erfinden, wo die Steuerrate mit dem Einkommen steigt. Die Kurve sollte aber glatt sein, und keine Sprünge nach oben und nach unten haben.

37)   Kapitalismus, Kreditwirtschaft, Schuldenwirtschaft

Wir haben vorhin gesehen, dass unser System für mehr Schulden als für Geld sorgt, wir haben alle zusammen keinerlei Netto-Vermögen, sondern eine Netto-Schuld.

Zu gleicher Zeit glauben wir alle, wir würden in einem kapitalistischen System leben, und die meisten von uns haben auch gar nichts dagegen.

Ob gut oder schlecht, die Dinge haben sich so entwickelt, dass es nicht existierendes Kapital ist, welches die Wirtschaft antreibt, sondern Kredit von der Bank.

So hat z.B. Lakshmi Mittal den Grossen Stahlkonzern Arcelor nicht etwa mit seinem vorher gesparten Geld gekauft, sondern mit den Krediten der Banken, welche ihn dabei unterstützten. Und diese Banken generierten dieses Geld grösstenteils selbst, dabei halfen recht lockere Reserve-Regelungen ihrer Zentralbanken. Da ist es dann schwierig, mit realem Geld konkurrieren zu wollen, wenn der Widersacher die

virtuelle Version dessen selbst generiert, aus dem Nichts, und das so geschaffene trotzdem als Zahlungsmittel gilt.

Es ist somit der billige, virtuelle Kredit, der dann für bare Münze genommen wird, welcher die Welt am Drehen hält, er hilft bei allen möglichen Unterfangen, bei Wirtschaft, Geschäft, Politik, Stimmenfang, Gesellschaft oder auch Verbrechen.

Aber die Geschichte hat damit kein Ende, da die Kredite auch Schulden generieren. Jeder läuft dem Geld nach, es landet meistens bei den Schlauen und Skrupellosen. Die Schuld hingegen wird herumgeschoben wie die heisse Kartoffel, und landet meist bei denen, welche sich am wenigsten oder am schlechtesten wehren können (und wollen?)

Die Frage ist, wer bleibt auf dem "schwarzen Peter" sitzen.

Im Falle von Arcelor-Mittal war es die Firma selbst, welche die Schulden auf einmal in ihren Büchern stehen hatte, und sich seitdem (d.h. ihre Mitarbeiter) abrackert, um sie zu bedienen. Das Geld, womit die alten Aktionäre ausbezahlt wurden, ist wahrscheinlich schnell in die Wolke verschwunden, und hat wohl der Wirtschaft bitter gefehlt, als es bei den Mitarbeitern darum ging, das Geld für Zins und Tilgung zusammenzukratzen.

Im Falle der Firma, wo ich selbst vor ein paar Jahren gearbeitet hatte, erschien die Schuld auch auf einmal auf der Bilanz. Der Firma wurde Vermögen entzogen, bevor wir überhaupt eine Chance hatten, es zu verdienen. Wir waren ein leichtes Opfer für die Krise, die dann kam.

Wir leben also in einer Schuldenwirtschaft, die Schulden halten sich, klingen nach, und sorgen für Probleme.

Aus dieser Falle müssen wir raus.

38)   Freiheit

Die meisten von uns sind ziemlich frei, die Frage ist:

frei wovon, wofür?

Nun, ich bin frei,

- wenn ich mein Geld so ausgeben kann wie ich will, meine Zeit verbringen kann, mit wem und wo ich auch immer will

- wenn ich tun und lassen kann, was ich will, innerhalb eines vernünftigen Rahmens, der grösstenteils von anderen gesetzt wird, den ich aber akzeptiere und wo ich mich dran halte

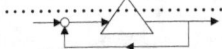

- wenn ich meine Ausbildung (mit etwas Hilfe von den Eltern), meine Beschäftigung, meine Arbeit selbst auswählen kann, und meine Arbeit wechseln kann, wenn es mir passt
- wenn ich für den oder die Kandidaten wählen kann, welche ich bevorzuge, oder mich selbst als Kandidat aufstellen darf, wenn ich glaube, ich könnte das besser
- wenn ich mich sicher fühle, wenn niemand kommt um mich zu nerven, zu bedrohen, zu überfallen, zu verprügeln, zu verletzen oder mich gar umzubringen
- nach "Höherem" zu streben (ohne unbedingt dorthin zu kommen), wenn mir dabei kein Gesetz und keine merkwürdige Tradition im Wege steht
- wenn ich meinen Partner selbst wählen kann, oder auch mir etwas mehr Zeit dafür nehme, um dies später oder gar nicht zu tun
- wenn ich die Verträge unterschreiben kann, die ich will, sogar wenn sie danach meine Freiheit in manchen Aspekten etwas limitieren sollten
- wen ich nicht diskriminiert werde, und wenn meine Sorgen persönlicher Natur sind (die reichen auch meistens ..)
- wenn ich meine Religion selbst auswählen kann, aber sie auch wieder verlassen kann, wenn ich will (letzteres scheint beim Islam etwas schwierig zu sein)
- wenn ich nicht mehr Schulden habe, als ich bedienen kann und will

meine Freiheit ist begrenzt durch
- meine Pflichten gegenüber meiner Familie, meinen Freunden
- meine Zugehörigkeit zu einer Religion, und ihren Vorschriften
- mein Respekt für andere Religionen (bis zu einem gewissen Punkte)
- mein eigenes Werte-System
- meinen Respekt für die Umwelt
- meinen Respekt für kommende Generationen
- meine Pflichten gegenüber meinem Arbeitgeber, oder meinen Kunden
- meine Pflichten gegenüber meinem lokalen Umfeld (Nachbarn, Gemeinde, lokale Steuern)

- meine Pflichten gegenüber meinem weiter gefassten Umfeld (Land, Region, Kontinent, Welt, Landes-Steuern)
- meine Pflichten gegenüber meinen Vertrags-Partnern (Banken ..)

und

- durch das Fehlen von finanziellen Ressourcen,
    um all das zu bezahlen, was ich gerne tun würde ….

Die meisten dieser Freiheiten sind glücklicherweise in der allgemeinen Menschenrechts-Konvention niedergeschrieben, allerdings werden Organisationen wie

- gewaltbasierte wirtschaftliche Einheiten (Mafia …)
- pseudo-religiöse Sekten (Scientology, und andere)

mit Sicherheit ihr Bestes geben, uns diese zu verweigern, wenn wir das Pech haben, ihre Wege zu kreuzen.

In der Praxis gibt es zwei Punkte, welche allemal schwer zu behandeln sind:

a) einen Job auswählen und finden, um den Lebensunterhalt zu bestreiten

b) die Schuldenfalle vermeiden

a) für die meisten meiner Generation war es nicht einfach, einen anständigen Job zu finden, den Job zu wechseln wenn uns der letzte nicht mehr gefiel war noch schwerer, da es zu keinem Zeitpunkt genügend Jobs zur Auswahl gab

Nachdem ich selbst im Laufe meiner industriellen Karriere Hunderte von Leuten eingestellt habe, kann ich nur feststellen, dass dies ein Arbeitgeber-Markt war, und keiner für Arbeitnehmer. Und daran hat sich bis dato nichts geändert.

Dieser Aspekt hat meine Freiheit jahrelang stark begrenzt, und nicht nur meine. Aber es gab und gibt einfach nicht genügend Jobs in unserer Wirtschaft. Dem aufmerksamen Leser der vorigen Seiten mag dies nicht als gottgegebener Zufall erscheinen.

b) Mein Haus wurde mit Hilfe einer Hypothek gebaut, damit war ich fast 20 Jahre lang verschuldet. Jeden Monat die Rate zu zahlen, ist kein grosses Problem, solange die Perspektiven bei Arbeit und Gesundheit gut sind.

Man ändere irgendeinen dieser beiden letzten Punkte, und die Dinge verschlechtern sich rapide:

Es gesellt sich schnell zum Schuldendruck der Stress auf der Arbeit, oder eventuell der Verlust derselben. Mit etwas Pech kommen Gesundheits-Probleme dazu, und dann bin ich geliefert.

Vielleicht hab ich auch noch mein Auto auf Kredit gekauft, oder ein paar Haushaltsgeräte....

In einer solchen Lage fühlt man sich dann sicher nicht mehr frei.

Was tun ?

➢ es muss zu jedem Zeitpunkt eine grössere Anzahl und Auswahl an Arbeitsplätzen geben: d.h. es muss genügend Geld zirkulieren um die Nachfrage zu stützen

und,

➢ da Schulden das klare Gegenteil von Freiheit sind, sollte man private Haushalts-Schulden auf das Nötigste beschränken, und die Zinsen auch

also:

=>   keine räuberische Kreditvergabe

=>   keine Forderung nach zusätzlichen Sicherheiten
(keine Zwangs-Vollstreckungen wegen Entwertung des Kollaterals)

=>   jedem nur eine Kreditkarte, mit Grenzen,
welche der finanziellen Lage entsprechen, und limitierten Zinsen

=>   weite Verbreitung von Debit-Karten für Zahlungen

=>   Überschuldungs-Situationen werden von vertrauenswürdigen Institutionen gemanagt, mit Blick auf die Interessen von Schuldner **und** Gläubiger

Diese Dinge, und vielleicht noch ein paar mehr, würden uns wirklich dem Lande der Freiheit näherbringen, mit Freiheit für alle, nicht nur für die wenigen.

Schliesslich mag man wieder mit **Woody Guthrie** festhalten:

" **This land is your land, this land is my land** "

        " **Dies Land ist mein Land, dies Land ist dein Land**"